中國古代語言學基本典籍叢書

釋　名

〔漢〕劉　熙　撰

愚　若　點校

中　華　書　局

圖書在版編目(CIP)數據

釋名/(漢)劉熙撰;愚若點校.—2版.—北京:中華書局,
2025.7.—(中國古代語言學基本典籍叢書).—ISBN 978-7-
101-17212-6

Ⅰ.H131.3

中國國家版本館 CIP 數據核字第 202578146C 號

書　　名	釋　名	
撰　　者	〔漢〕劉　熙	
點校者	愚　若	
叢書名	中國古代語言學基本典籍叢書	
責任編輯	張　可	
裝幀設計	周　玉	
責任印製	韓馨雨	
出版發行	中華書局	
	(北京市豐臺區太平橋西里38號　100073)	
	http://www.zhbc.com.cn	
	E-mail:zhbc@zhbc.com.cn	
印　　刷	北京新華印刷有限公司	
版　　次	2020年2月第1版	
	2025年7月第2版	
	2025年7月第3次印刷	
規　　格	開本/920×1250毫米　1/32	
	印張6¾　插頁2　字數120千字	
印　　數	4501-5500冊	
國際書號	ISBN 978-7-101-17212-6	
定　　價	46.00元	

叢書出版説明

　　語言文字是人們進行思維、交流思想的工具，是人類文化的載體。我國傳統文化博大精深，要研究、傳承她，首先要掃清語言文字方面的障礙，因爲"六經皆載於文字者也，非聲音則經之文不正，非訓詁則經之義不明"。我國傳統的語言文字學又稱小學，兩千多年來，前人留下了大量寶貴的小學著作，研究它們是研究中國文化的基礎工作。有鑒於此，我們計劃出版《中國古代語言學基本典籍叢書》，以整理最基本的小學典籍，向讀者提供一套可靠而方便使用的通行讀本，對文本加以斷句和標點及精要的校勘（關乎對文意理解），而不以繁瑣的考證、校勘爲務。

　　限於主客觀條件，古籍版本未必搜羅齊備，點校未必盡善盡美，希望讀者向我們提供批評、信息和幫助，一起爲我們的事業而努力。

中華書局編輯部

2018 年 1 月

出版説明

　　《釋名》，原題漢末北海劉熙撰，是我國第一部聲訓學著作，試圖探尋事物命名的由來，而聲訓是它的途徑。現今能見到的最早傳世本《釋名》爲明嘉靖三年（1524）儲良材、程鴻刻本。《四部叢刊初編・經部》則影印江南圖書館藏明嘉靖翻宋八卷本。王先謙（1842—1917）組織學者在畢沅、顧廣圻等人校本基礎上作《釋名疏證補》，這是一部校勘、注釋《釋名》的集大成之作。今以《四部叢刊》本爲底本，參校《釋名疏證補》，采用通行字排印，底本明顯的譌誤徑改出校；有疑問或有參考價值的異文出校；因部分詞條含多個詞目，爲方便讀者，特加以編號，如1.001乃釋天第一的第一條；詞條采用黑體字，以使醒目，並加以拼音；編製音序和筆畫索引，以儘可能方便讀者。限於學力，錯誤及不妥之處尚祈讀者不吝指正。

中華書局編輯部

2017 年 6 月

目　録

釋名序

劉熙字成國撰

熙以爲自古造化制器立象，有物以來，迄于近代，或典禮所制，或出自民庶，名號雅俗，各方名殊。聖人於時就而弗改，以成其器，著於既往。哲夫巧士以爲之名，故興於其用而不易其舊，所以崇易簡、省事功也。夫名之於實，各有義類。百姓日稱而不知其所以之意，故撰天地、陰陽、四時、邦國、都鄙、車服、喪紀，下及民庶應用之器，論敍指歸，謂之《釋名》，凡二十七篇。至於事類，未能究備。凡所不載，亦欲智者以類求之。博物君子其於答難解惑，王父幼孫朝夕侍問，以塞可謂之士，聊可省諸。

右《釋名》八卷，《館閣書目》云：漢徵士北海劉熙字成國撰。推揆事源，釋名號，致意精微。《崇文總目》云：熙即物名以釋義，凡二十七目，臨安府陳道人書籍鋪刊行。

刻釋名序

《釋名》者,小學文字之書也。古者文字之書有三焉:一,體制,謂點畫有縱橫曲直之殊,若《説文》《字原》之類是也;二,訓詁,謂稱謂有古今雜俗之異,若《爾雅》《釋名》之類是也;三,音韻,謂呼吸有清濁高下之不同,若沈約《四聲譜》及西域反切之文是也。三者雖各自名家,要之皆小學之書也。

夫自六經出而《爾雅》作,《爾雅》作而《釋名》著,是故《漢·藝文志》以《爾雅》附《孝經》,而《經籍志》以附《論語》,蓋崇之也。漢劉熙所著《釋名》,翼《雅》者也,宜與《雅》並傳。

《爾雅》故有鏤本,而《釋名》久無傳者,余按全晉,偶得是書於李僉憲川甫,川甫得諸蔡中丞石岡,石岡得諸濟南周君秀,因託吕太史仲木校正,付太原黄守刊布焉。然則翼《雅》之書,詎止於是乎?郭璞有《圖》,沈璇有《注》,孫炎有《音》,江瓘有《贊》,邢昺有《正義》,張揖有《廣雅》,曹憲有《博雅》,孔鮒有《小爾雅》,劉伯莊有《續爾雅》,楊雄有《方言》,劉霽有《釋俗語》,盧辨有《稱謂》,沈約有《俗説》,張顯有《古今訓》,韋昭

有《辨釋名》,凡讀《爾雅》者,皆當參覽,其可以小學之書而忽
之哉?

嘉靖甲申冬十二月既望,谷泉儲良材邦掄父撰

重刊釋名後序

漢徵士北海劉熙著《釋名》二十七篇，蓋《爾雅》之緒也。昔者周公申彝倫之道，乃制作《儀》《周》二禮，《雅》《南》《豳》《頌》四詩[1]，皆發揮於陰陽象器、山河草木，以及蟲魚鳥獸之物，義雖裁諸己，文多博諸古，恐來世之不解也，其徒作《爾雅》以訓焉。魯哀公欲學小辯以觀政，孔子曰：觀爾雅以辯言。"釋名"者，亦辯言之意乎？今夫學者將以爲道也，欲爲道而不知義，則於道不樂進；欲知義而不辯言，則於義不可精；欲辯言而不正名，則於言不能審。是故洒掃應對，道德性命，其致一也。

夫音以九土而異，聲以十世而殊，山人以爲蔪蒿藿苳者，國人以爲薍蒜韭葱者也；古人以爲基烝介弔者，今人以爲始君大至者也。故名猶明也，釋猶譯也、解也，譯而明之，以從義而入道也。是書南宋時刻於臨安，尋燬不傳，今侍御谷泉儲公邦掄得之於嵩山僉憲李公，李公得之於中丞石岡蔡公，乃命柟校正，付絳州守程君鴻刊布焉，其意遐乎！但《爾雅》先詁、言、訓、親而後

---

① 詩，原譌作 "時"。

動、植，近取諸身，斯遠取諸物也，《釋名》以天地山水爲先，則瀕乎玩物矣。故魏張揖采《蒼》《雅》作《廣雅》，辭類雖衍，猶爲存《爾雅》之舊乎。

嘉靖三年冬十月乙卯高陵吕柟序

  《釋名》今無刊本，兹所校者，又專本無副，正過亦八十餘字，皆以意揆諸義者，故義若可告即爲定改，求而不得仍存其舊，《序》中"可謂"二字，《釋國》篇"譚首"之"譚"一字，《釋姿容》篇"邊自"二字，《釋言》篇"説日"二字，"操功"之"功"一字，曾疑爲"切"字，"曜齒"之"曜"一字，《釋疾》篇"匡一"二字，凡十一字皆闕未改，俟有他本及知《釋名》者。

柟又識

釋名目録

釋名卷第一

劉熙字成國撰

釋天第一

1.001　天(tiān)，豫、司、兗、冀以舌腹言之，天，顯也，在上高顯也。青、徐以舌頭言之，天，垣也^①，垣然高而遠也。春曰**蒼天**(cāngtiān)，陽氣始發，色蒼蒼也。夏曰**昊天**(hàotiān)，其氣布散皓皓也。秋曰**旻天**(míntiān)，旻，閔也，物就枯落可閔傷也。冬曰**上天**(shàngtiān)，其氣上騰與地絕也。故《月令》曰："天氣上騰，地氣下降。"《易》謂之**乾**(qián)。乾，健也，健行不息也。又謂之**玄**(xuán)。玄，懸也，如懸物在上也。

1.002　日(rì)，實也，光明盛實也。

1.003　月(yuè)，缺也^②，滿則缺也。

1.004　光(guāng)，晃也，晃晃然也。亦言廣也，所照廣遠也。

---

① 垣，《玉篇》等引作"坦"，葉德炯認爲"坦、天"透母雙聲，畢沅認爲"垣"譌。下"垣"同。
② 缺，王刻本作"闕"。下"缺"同。

1.005 景(jǐng)，境也^①，明所照處有境限也^②。

1.006 晷(guǐ)，規也，如規畫也。

1.007 曜(yào)，耀也，光明照耀也。

1.008 星(xīng)，散也，列位布散也。

1.009 宿(xiù)，宿也，星各止宿其處也。

1.010 氣(qì)，餼也^③，餼然有聲而無形也。

1.011 風(fēng)，兖、豫、司、冀橫口合脣言之，風，氾也，其氣博
氾而動物也。青、徐言風，蹴口開脣推氣言之，風，放也，
氣放散也。

1.012 陰(yīn)，蔭也，氣在内奧蔭也。

1.013 陽(yáng)，揚也，氣在外發揚也。

1.014 寒(hán)，捍也^④，捍格也。

1.015 暑(shǔ)，煮也，熱如煮物也。

1.016 熱(rè)，爇也，如火所燒爇也。

---

① 境，畢沅曰：俗書竟字加土旁，非也。王刻本作“竟”，下“境”同。

② 明，王刻本無。

③ 餼，王先謙認爲當作“憙”。下“餼”同。

④ 捍，王刻本作“扞”。下“捍”同。畢沅云“捍”俗字。《説文解字》無“捍”字。

1.017　雨(yǔ)，羽也，如鳥羽動則散也①。

1.018　春(chūn)，蠢也，動而生也②。

1.019　夏(xià)，假也，寬假萬物使生長也。

1.020　秋(qiū)，緧也，緧迫品物使時成也。

1.021　冬(dōng)，終也，物終成也。

1.022　四時(sìshí)，四方各一時。時，期也。物之生死，各應節期而止也。

1.023　年(nián)，進也，進而前也③。

1.024　歲(suì)，越也，越故限也。唐虞曰載(zǎi)，載生物也。殷曰祀(sì)。祀，巳也，新氣升故氣巳也。

1.025　五行(wǔxíng)者，五氣也，於其方各施行也。

1.026　金(jīn)，禁也，其氣剛嚴能禁制也。

1.027　木(mù)，冒也，華葉自覆冒也。

1.028　水(shuǐ)，準也，準平物也。

1.029　火(huǒ)，化也，消化物也。亦言毀也，物入中皆毀壞也。

① "散也" 後王刻本有 "雨，水從雲下也。雨者，輔也，言輔時生養也"。
② 動而生也，王刻本作 "萬物蠢然而生也"。
③ 此條七字，王刻本在 "歲，越也，越故限也" 後，合爲一條。

1.030 土(tǔ),吐也,能吐生萬物也。

1.031 子(zǐ),孳也,陽氣始萌,孳生於下也。於《易》爲坎(kǎn)。坎,險也。

1.032 丑(chǒu),紐也,寒氣自屈紐也。於《易》爲艮(gèn)。艮,限也。時未可聽物生,限止之也。

1.033 寅(yín),演也,演生物也。

1.034 卯(mǎo),冒也,載冒土而出也。於《易》爲震(zhèn)。二月之時,雷始震也。

1.035 辰(chén),伸也,物皆伸舒而出也。

1.036 巳(sì),已也,陽氣畢布已也。於《易》爲巽(xùn)。巽,散也,物皆生布散也。

1.037 午(wǔ),仵也,陰氣從下上,與陽相仵逆也。於《易》爲離(lí)。離,麗也,物皆附麗陽氣以茂也。

1.038 未(wèi),昧也,日中則昃,向幽昧也。

1.039 申(shēn),身也。物皆成其身體,各申束之使備成也。

1.040 酉(yǒu),秀也。秀者,物皆成也。於《易》爲兌(duì)。兌,悦也,物得備足,皆喜悦也。

1.041 戌(xū),恤也,物當收歛矜恤之也。亦言脱也、落也。

1.042 亥(hài)，核也，收藏百物，核取其好惡真偽也。亦言物成皆堅核也。

1.043 甲(jiǎ)，孚也，萬物解孚甲而生也。

1.044 乙(yǐ)，軋也，自抽軋而出也。

1.045 丙(bǐng)，炳也，物生炳然，皆著見也。

1.046 丁(dīng)，壯也，物體皆丁壯也。

1.047 戊(wù)，茂也，物皆茂盛也。

1.048 己(jǐ)，紀也，皆有定形可紀識也。

1.049 庚(gēng)，猶更也。庚，堅强貌也。

1.050 辛(xīn)，新也，物初新者皆收成也。

1.051 壬(rén)，妊也，陰陽交，物懷妊也，至子而萌也。

1.052 癸(guǐ)，揆也，揆度而生，乃出之也①。

1.053 霜(shuāng)，喪也，其氣慘毒，物皆喪也。

1.054 露(lù)，慮也，覆慮物也。

1.055 雪(xuě)，綏也，水下遇寒氣而凝，綏綏然也。

1.056 霰(xiàn)，星也，水雪相搏，如星而散也。

---

① 之，王刻本作“土”。

1.057　霢霂(màimù),小雨也。言裁霢歷霑潰,如人沐頭,惟及
其上枝而根不濡也。

1.058　雲(yún),猶云云,衆盛意也。又言運也,運行也。

1.059　雷(léi),硍也,如轉物有所硍雷之聲也。

1.060　電(diàn),殄也,乍見則殄滅也①。

1.061　震(zhèn),戰也,所擊輒破,若攻戰也。又曰辟歷(pīlì)。辟,
折也②,所歷皆破折也。

1.062　雹(báo),砲也,其所中物皆摧折,如人所盛咆也。

1.063　虹(hóng)③,攻也,純陽攻陰氣也。又曰蝃蝀(dìdōng)。
其見每於日在西而見於東,啜飲東方之水氣也④。見於
西方曰升朝(shēngzhāo),日始升而出見也。又曰美人
(měirén)。陰陽不和,婚姻錯亂,淫風流行,男美於女,
女美於男,恆相奔隨之時⑤,則此氣盛,故以其盛時名
之也。

1.064　霓(ní),齧也。其體斷絶,見於非時,此灾氣也。傷害於物,

────────────

① 則,王刻本作"即"。
② 折,畢沅認爲據義當作"析"。下"折"同。
③ "虹"前畢沅據《初學記》等引補"虹,陽氣之動也"。
④ 啜,原譌作"掇"。
⑤ 恆,畢沅認爲乃"互"之譌。

如有所食齧也。

1.065　暈(yùn)，捲也，氣在外捲結之也。日月俱然。

1.066　陰而風曰曀(yì)。曀，翳也，言掩翳日光使不明也^①。

1.067　風而雨土曰霾(mái)。霾，晦也，言如物塵晦之色也。

1.068　珥(ěr)，氣在日兩旁之名也。珥，耳也，言似人耳之在面旁也^②。

1.069　日月虧曰食(shí)。稍稍侵虧，如蟲食草木葉也。

1.070　晦(huì)^③，灰也，火死爲灰，月光盡似之也。

1.071　朔(shuò)^④，蘇也，月死復蘇生也。

1.072　弦(xián)，月半之名也。其形一旁曲一旁直，若張弓施弦也。

1.073　望(wàng)，月滿之名也。月大十六日，小十五日，日在東，月在西，遥相望也。

1.074　昏(hūn)，損也，陽精損滅也。

---

① "言"後畢沅據《一切經音義》引增"雲氣"二字。
② 面，王刻本作"兩"。
③ "晦"前畢沅據《初學記》引補"朏(fěi)，月未成明也。霸(pò)，月始生霸然也。晦，月盡之名也"三句。
④ "朔"前畢沅據《初學記》引補"朔，月初之名也"。

1.075　晨(chén)，伸也，旦而日光復伸見也。

1.076　禓(jìn)，侵也，赤黑之氣相侵也。

1.077　氛(fēn)，粉也，潤氣著草木，因寒凍凝，色白若粉之形也。

1.078　霧(wù)，冒也，氣蒙亂覆冒物也。蒙，日光不明，蒙蒙
　　　　然也。

1.079　彗星(huìxīng)，光梢似彗也。

1.080　孛蒲没反星(bèixīng)，星旁氣孛孛然也。

1.081　筆星(bǐxīng)，星氣有一枝末銳似筆也。

1.082　流星(liúxīng)，星轉行如流水也。

1.083　枉矢(wǎngshǐ)，齊、魯謂光景爲枉矢。言其光行若射矢
　　　　之所至也。亦言其氣枉暴，有所灾害也。

1.084　厲(lì)，疾氣也，中人如磨厲傷物也。

1.085　疫(yì)，役也，言有鬼行疫也[①]。

1.086　疧(zhá)[②]，截也，氣傷人如有斷截也。

1.087　灾(zāi)，栽也。火所燒滅之餘曰栽，言其於物如是也。

1.088　害(hài)，割也，如割削物也。

----

① 疫，王刻本作“役”。
② 疧，畢沅認爲乃“札”之俗。

1.089 異(yì)者,異於常也。

1.090 眚(shěng),瘠也①,如病者瘠瘦也。

1.091 慝(tè),態也,有姦態也。

1.092 妖(yāo),祅也,祅害物也。

1.093 孽(niè)②,糱也③,遇之如物見髠糱也。

————————

① 瘠,王刻本作"省"。下"瘠"同。

② 孽,王刻本作"蠥"。

③ 糱,王刻本作"糵"。下"糱"同。

釋地第二

2.001　**地**(dì)者，底也，其體底下載萬物也。亦言諦也，五土所生，莫不信諦也。《易》謂之**坤**(kūn)。坤，順也，上順乾也。

2.002　**土**(tǔ)，吐也，吐生萬物也。

2.003　已耕者曰**田**(tián)。田，填也，五稼填滿其中也。

2.004　**壤**(rǎng)，瀼也①，肥濡意也。

2.005　廣平曰**原**(yuán)。原，元也，如元氣廣大也。

2.006　高平曰**陸**(lù)。陸，漉也，水流漉而去也。

2.007　下平曰**衍**(yǎn)，言漫衍也。

2.008　下濕曰**隰**(xí)。隰，蟄也，蟄溼意也。

2.009　下而有水曰**澤**(zé)，言潤澤也。

2.010　地不生物曰**鹵**(lǔ)。鹵，爐也，如爐火處也。

2.011　徐州貢土**五色**(wǔsè)，有**青**(qīng)、**黃**(huáng)、**赤**(chì)、白

---

① 瀼，王刻本作 "膘"。

（bái）、**黑**（hēi）也。

2.012　土青曰**黎**（lí），似黎草色也^①。

2.013　土黃而細密曰**埴**（zhí）。埴，膩也^②，黏昵如脂之膩也。

2.014　土赤曰**鼠肝**（shǔgān），似鼠肝色也。

2.015　土白曰**漂**（piāo）。漂輕飛散也。

2.016　土黑曰**盧**（lú），盧然解散也。

---

① 黎，畢沅認爲當作“藜”。
② 膩，畢沅考證當作“臟”，之食反。

釋山第三

3.001　**山**(shān)，産也，産生物也。土山曰**阜**(fù)。阜，厚也，言高厚也。大阜曰**陵**(líng)。陵，隆也，體高隆也。

3.002　山頂曰**冢**(zhǒng)。冢，腫也，言腫起也。山旁曰**陂**(bēi)，言陂陁也。

3.003　山脊曰**岡**(gāng)。岡，亢也，在上之言也。

3.004　山旁隴間曰**涌**(yǒng)。涌，猶桶，桶狹而長也。

3.005　山大而高曰**嵩**(sōng)。嵩，竦也，亦高稱也。

3.006　山小高曰**岑**(cén)。岑，嶄也，嶄然也[1]。

3.007　上銳而長曰**嶠**(qiáo)[2]，形似橋也。

3.008　小山別大山曰**甗**(yǎn)音彦[3]。甗，甑也。甑一孔者，甗形孤出處似之也。

---

① 嶄然也，王刻本作“嶄嶄然也”。

② 上銳而長曰嶠，王刻本作“山銳而高曰喬”。上，一本作“土”。

③ 小山別大山曰甗，王刻本作“山上大下小曰甗”。

3.009　山多小石曰磝(áo)。磝,磝也,每石磝磝,獨處而出見也。

3.010　山多大石曰礐(xué)。礐,學也,大石之形學學形也[1]。

3.011　山有草木曰岵(hù)。岵,怙也,人所怙取以爲事用也。

3.012　山無草木曰屺(qǐ)。屺,圮也,無所出生也。

3.013　山上有水曰埒(liè)[2]。埒,脱也,脱而下流也。

3.014　石載土曰岨(qū),岨臚然也。土載石曰崔嵬(cuīwéi),因形名之也。

3.015　山東曰朝陽(zhāoyáng),山西曰夕陽(xīyáng),隨日所照而名之也。

3.016　山下根之受霤處曰甽(zhèn)。甽,吮也,吮得山之肥潤也。

3.017　山中藂木曰林(lín)。林,森也,森森然也。

3.018　山足曰麓(lù)。麓,陸也,言水流順陸燥也。

3.019　山體曰石(shí)。石,格也,堅捍格也。

3.020　小石曰礫(lì)。礫,料也,小石相枝柱,其間料料然出内氣也。

---

① 形,王刻本作"然",畢沅認爲"形"誤。
② 埒,原譌作"埩"。

釋水第四

4.001 天下大水四,謂之**四瀆**(sìdú),江、河、淮、濟是也。

4.002 **瀆**(dú),獨也,各獨出其所而入海也。

4.003 **江**(jiāng),公也,小水流入其中公共也[①]。

4.004 **淮**(huái),圍也,圍繞揚州北界,東至海也。

4.005 **河**(hé),下也,隨地下處而通流也。

4.006 **濟**(jǐ),濟也,源出河北濟河而南也。

4.007 **川**(chuān),穿也,穿地而流也。

4.008 山夾水曰**澗**(jiàn)。澗,間也,言在兩山之間也。

4.009 水正出曰**濫泉**(jiànquán)。濫,銜也,如人口有所銜,口閤
則見也。

4.010 懸出曰**沃泉**(wòquán)。水從上下,有所灌沃也。

4.011 側出曰**氿泉**(guǐquán)。氿,軌也,流狹而長,如車軌也。

---

① "公共"前王刻本有"所"字。

4.012　所出同、所歸異曰淝泉(féiquán)。本同出時所浸潤少，所歸各枝散而多似淝者也。

4.013　水從河出曰雍沛(yōngpèi)，言在河岸限内，時見雍出，則沛然也。

4.014　水上出曰涌泉(yǒngquán)。瀆泉(dúquán)並是也。

4.015　水泆出所爲澤曰掌(zhǎng)，水停處如手掌中也。今兖州人謂澤曰掌也。

4.016　水決復入爲汜(sì)。汜，已也，如出有所爲，畢已而還入也。

4.017　風吹水波成文曰瀾(lán)①。瀾，連也，波體轉流相及連也。

4.018　水小波曰淪(lún)。淪，倫也，小文相次有倫理也②。

4.019　水直波曰涇(jīng)。涇，俓也，言如道俓也。

4.020　水草交曰湄(méi)。湄，眉也，臨水如眉臨目也，水經川歸之處也。

4.021　海(hǎi)，晦也，主承穢濁，其水黑如晦也③。

4.022　水注谷曰溝(gōu)。田間之水亦曰溝。溝，搆也，從橫相

---

① 吹，王刻本作“行”。
② 小，王刻本作“水”。
③ 如，王刻本作“而”。

交搆也。

4.023　注溝曰澮(huì)。澮，會也，小溝之所聚會也。

4.024　水中可居者曰洲(zhōu)。洲，聚也，人及鳥物所聚息之處也。

4.025　小洲曰渚(zhǔ)。渚，遮也，體高能遮水，使從旁迴也。

4.026　小渚曰沚(zhǐ)。沚，止也，小可以止息其上也。

4.027　小沚曰泜(chí)。泜，遲也，能遏水使流遲也。

4.028　人所爲之曰潏(shù)。潏，術也，堰使水鬱術也。魚梁、水碓之謂也。

4.029　海中可居者曰島(dǎo)。島，到也，人所奔到也。亦言鳥也，物所赴如鳥之下也。

釋丘第五

5.001　丘一成曰**頓丘**(dùnqiū)，一頓而成，無上下大小之殺也。

5.002　再成曰**陶丘**(táoqiū)，於高山上一重作之，如陶竈然也。

5.003　三成曰**崑崙丘**(kūnlúnqiū)，如崑崙之高而積重也。

5.004　前高曰**髦丘**(máoqiū)，如馬舉頭垂髦也。

5.005　中央下曰**宛丘**(wǎnqiū)，有丘宛宛如偃器也。涇上有一泉水亦是也。

5.006　偏高曰**阿丘**(ēqiū)。阿，荷也，如人擔荷物①，一邊偏高也。

5.007　**畝丘**(mǔqiū)，丘體滿一畝之地也。

5.008　**圜丘**(yuánqiū)、**方丘**(fāngqiū)，就其方圜名之也。

5.009　銳上曰**融丘**(róngqiū)。融，明也；明，陽也。凡上銳皆高而近陽者也。

5.010　如乘曰**乘丘**(shèngqiū)。四馬曰乘。一基在後似車，四

---

① 擔荷，王刻本作"儋何"，畢沅認爲"擔荷"字俗。

列在前,似駕馬車之形也。

5.011　如階之與反者曰**階丘**(zhǔqiū)。形似水中之高地,隆高而廣也。

5.012　水潦所止曰**泥丘**(níqiū)。其止污水,留不去成泥也。

5.013　澤中有丘曰**都丘**(dūqiū),言蟲鳥往所都聚也。

5.014　當途曰**梧丘**(wúqiū)。梧,忤也,與人相當忤也。

5.015　道出其右曰**畫丘**(huàqiū)。人尚右,凡有指畫皆用右也。

5.016　道出其前曰**載丘**(zàiqiū),在前故載也。

5.017　道出其後曰**昌丘**(chāngqiū)。

5.018　水出其前曰**阯丘**(zhǐqiū)。阯,基趾也,言所出然。

5.019　水出其後曰**阻丘**(zǔqiū),此水以爲險也[1]。

5.020　水出其右曰**沚丘**(zhǐqiū)。沚,止也,西方義氣有所制止也。

5.021　水出其左曰**營丘**(yíngqiū)。

5.022　丘高曰**陽丘**(yángqiū),體高近陽也。

5.023　**宗丘**(zōngqiū),邑中所宗也。

---

[1] 此,王刻本作"背",畢沅認爲"此"誤。或認爲當作"北"。

釋道第六

6.001 道一達曰**道路**(dàolù)。道,蹈也。

6.002 **路**(lù),露也,人所踐蹈而露見也。

6.003 二達曰**岐旁**(qípáng)。物兩爲岐,在邊曰旁。此道並通
出似之也。

6.004 三達曰**劇旁**(jùpáng)。古者列樹以表道。道有夾溝,以
通水潦。恆見修治,此道旁轉多,用功稍劇也。

6.005 四達曰**衢**(qú)。齊、魯謂四齒杷爲櫂。櫂杷地則有四處,
此道似之也。

6.006 五達曰**康**(kāng)。康,昌也;昌,盛也。車步併列,並用之,
言充盛也。

6.007 六達曰**莊**(zhuāng)。莊,裝也,裝其上使高也。

6.008 七達曰**劇驂**(jùcān)。驂馬有四耳,今此道有七,比於
劇也。

6.009 八達曰**崇期**(chóngqī)。崇,充也。道多所通,人充滿其上,

如共期也。

6.010　九達曰逵(kuí)。齊、魯謂道多爲逵師,此形然也。

6.011　城下道曰壕(háo)。壕,翱也,都邑之内翱翔祖駕之處也。

6.012　步所用道曰蹊(xī)。蹊,係也①。射疾則用之,故還係於正
　　　 道也。

6.013　俓(jìng),經也,人所經由也。

6.014　鹿兔之道曰亢(gāng)。行不由正,亢陌山谷草野而過也。

6.015　涂(tú),度也,人所由得通度也。

---

① 係,王刻本作"傒"。

釋名卷第二

劉熙字成國撰

釋州國第七　　　　釋形體第八

釋州國第七

7.001　**青州**(qīngzhōu)在東,取物生而青也。州,注也,郡國所注仰也。

7.002　**徐州**(xúzhōu),徐,舒也,土氣舒緩也。

7.003　**揚州**(yángzhōu),州界多水,水波揚也。

7.004　**荆州**(jīngzhōu),取名於荆山也。必取荆爲名者,荆,警也。南蠻數爲寇逆,其民有道後服,無道先彊,常警備之也。

7.005　**豫州**(yùzhōu),地在九州之中,京師東都所在,常安豫也。

7.006　**涼州**(liángzhōu),西方所在寒凉也。

7.007　**雍州**(yōngzhōu),在四山之内。雍,翳也。

7.008　**并州**(bīngzhōu),曰土無也[①]。其州或并或設,故因以爲名也。

7.009　**幽州**(yōuzhōu),在北幽昧之地也。

---

① 曰土無也,畢沅評其"謬甚",據《太平御覽》引改爲"并,兼并也"。

7.010 **冀州**(jìzhōu),亦取地以爲名也。其地有險有易,帝王所都,亂則冀治,弱則冀彊,荒則冀豐也。

7.011 **兗州**(yǎnzhōu),取兗水以爲名也。

7.012 **司州**(sīzhōu),司隸校尉所主也。

7.013 **益州**(yìzhōu),益,阨也,所在之地險阨也。

7.014 古有**營州**(yíngzhōu),齊、衛之地於天文屬營室,取其名也。

7.015 **燕**(yān),宛也。北方沙漠平廣,此地在涿鹿山南,宛宛然以爲國都也。

7.016 **宋**(sòng),送也。地接淮泗而東南傾,以爲殷後,若云澤穢所在,送使隨流東入海也。

7.017 **鄭**(zhèng),町也。其地多平,町町然也。

7.018 **楚**(chǔ),辛也。其地蠻多而人性急,數有戰爭,相爭相害,辛楚之禍也。

7.019 **周**(zhōu),地在岐山之南,其山四周也。

7.020 **秦**(qín),津也。其地沃衍,有津潤也。

7.021 **晉**(jìn),進也。其土在北[①],有事於中國則進而南也。又取晉水以爲名,其水迅進也。

---

① 土,王刻本作“地”。

7.022　**趙**(zhào)，朝也。本小邑，朝事於大國也。

7.023　**魯**(lǔ)，魯鈍也。國多山水，民性樸魯也。

7.024　**衛**(wèi)，衛也。既滅殷，立武庚爲殷後，三監以守衛之也。

7.025　**齊**(qí)，齊也。地在渤海之南①，勃齊之中也②。

7.026　**吳**(wú)，虞也。太伯讓位而不就，歸，封之於此，虞其志也。

7.027　**越**(yuè)，夷蠻之國也。度越禮義，無所拘也。此十二國，上應列宿，各以其地及於事宜，制此名也。至秦改諸侯，置郡縣，隨其所在山川土形而立其名。漢就而因之也。

7.028　**河南**(hénán)，在河之南也。

7.029　**河內**(hénèi)，河水從岐山而南，從雷首而東，從譚首而北，郡在其內也。

7.030　**河東**(hédōng)，在河水東也。

7.031　**河西**(héxī)，在河水西也。

7.032　**上黨**(shàngdǎng)，黨，所也，在山上其所最高，故曰上也③。

7.033　**潁川**(yǐngchuān)，因潁水爲名也。

---

① 渤，王刻本作“勃”。
② 勃，一本作“如”。
③ 上也，王刻本作“上黨也”。

7.034　**汝南**(rǔnán)，在汝水南也。

7.035　**汝陰**(rǔyīn)，在汝水陰也。

7.036　**東郡**(dōngjùn)、**南郡**(nánjùn)，皆以京師方面言之也。

7.037　**北海**(běihǎi)，海在其北也。

7.038　**西海**(xīhǎi)，海在其西也。

7.039　**南海**(nánhǎi)，在海南也。宜言海南，欲同四海名，故言南海。

7.040　**東海**(dōnghǎi)，海在其東也。

7.041　**濟南**(jǐnán)，濟水在其南也。

7.042　**濟北**(jǐběi)，濟水在其北也。義亦如南海也。

7.043　**濟陰**(jǐyīn)，在濟水之陰也。

7.044　**南陽**(nányáng)，在國之南而地陽也[①]。凡若此類郡國之名，取號於此，則其餘可知也。縣邑之名亦如之。

7.045　大曰**邦**(bāng)。邦，封也，封有功於是也。

7.046　國城曰**都**(dū)者[②]，國君所居，人所都會也。

7.047　周制九夫爲**井**(jǐng)，其制似井字也。四井爲**邑**(yì)。邑，

---

① 在國之南而地陽也，王刻本作"在中國之南而居陽地"。

② 國城曰都者，王刻本作"國城曰都都者"。

猶怡也^①，邑人聚會之稱也。

7.048　四邑爲**丘**(qiū)。丘，聚也。

7.049　四丘爲**甸**(diàn)。甸，乘也，出兵車一乘也。

7.050　**鄙**(bǐ)，否也，小邑不能遠通也。

7.051　**縣**(xiàn)，懸也^②，懸係於郡也。

7.052　**郡**(jùn)，群也，人所群聚也。

7.053　五家爲**伍**(wǔ)，以五爲名也。又謂之**鄰**(lín)。鄰，連也，相接連也。又曰**比**(bǐ)，相親比也。

7.054　五鄰爲**里**(lǐ)，居方一里之中也。

7.055　五百家爲**黨**(dǎng)。黨，長也，一聚之所尊長也。

7.056　萬二千五百家爲**鄉**(xiāng)。鄉，向也，衆所向也。

---

① 怡，王刻本作“偛”。
② 懸，王刻本作“縣”，下“懸”同。畢沅云“懸”乃“縣”之俗。

釋形體第八

8.001　**人**(rén)，仁也，仁生物也，故《易》曰："立人之道曰仁
　　　　與義。"

8.002　**體**(tǐ)，第也，骨肉毛血表裏大小相次第也。

8.003　**軀**(qū)，區也。是衆名之大揔，若區域也。

8.004　**形**(xíng)，有形象之異也。

8.005　**身**(shēn)，伸也，可屈伸也。

8.006　**毛**(máo)，貌也，冒也。在表所以別形貌，且以自覆冒也。

8.007　**皮**(pí)，被也，被覆體也。

8.008　**膚**(fū)，布也，布在表也。

8.009　**肌**(jī)，懻也，膚幕堅懻也。

8.010　**骨**(gǔ)，滑也，骨堅而滑也。

8.011　**胑**(zhī)，枝也，似水之枝格也①。

———————

① 水，王刻本作"木"，畢沅云"水"乃"木"之譌。

8.012 肉(ròu)，柔也。

8.013 筋(jīn)，力也①。肉中之力，氣之元也，靳固於身形也。

8.014 膜(mó)，幕也，幕絡一體也。

8.015 血(xuè)，濊也，出於肉，流而濊濊也。

8.016 膿(nóng)，釀也，汁釀厚也。

8.017 汁(zhī)，浹也，浹浹而出也。

8.018 津(jīn)，進也，汁進出也。

8.019 汋(zhuó)，澤也，有潤澤也。

8.020 汗(hàn)，涆也，出在於表，涆涆然也。

8.021 髓(suǐ)，遺也。遺，瀡也②。

8.022 髮(fà)，拔也，拔擢而出也。

8.023 鬢(bìn)③，峻也，所生高峻也。

8.024 髦(máo)，冒也，覆冒頭頸也。

8.025 眉(méi)，媚也，有斌媚也④。

---

① 力，王刻本作“靳”是。力、筋，音不近。
② 瀡，原譌作“瀡”。
③ 鬢，與“峻”音不近，畢沅云“鬢”誤，王刻本作“囟(xìn)”。
④ 斌，畢沅認爲乃“嫵”之俗。

8.026 **頭**(tóu)，獨也，於體高而獨也。

8.027 **首**(shǒu)，始也。

8.028 **面**(miàn)，漫也。

8.029 **額**(é)，鄂也，有垠鄂也，故幽州人則謂之鄂也。

8.030 **角**(jiǎo)者，生於額角也。

8.031 **頞**(è)，鞍也，偃折如鞍也。

8.032 **目**(mù)，默也，默而內識也。

8.033 **眼**(yǎn)，限也，瞳子限限而出也。

8.034 **睫**(jié)，插接也①，插於眼眶而相接也。

8.035 **瞳子**(tóngzǐ)②，瞳，重也，膚幕相裹重也；子，小稱也，主
謂其精明者也。或曰**眸子**(móuzǐ)③。眸，冒也，相裹冒也。

8.036 **鼻**(bí)，嘒也，出氣嘒嘒也。

8.037 **口**(kǒu)，空也。

8.038 **頰**(jiá)，夾也，兩旁稱也④。亦取挾歛食物也。

8.039 **舌**(shé)，泄也，舒泄所當言也。

---

① 插接也，王刻本作"插也，接也"。
② 瞳子，王刻本作"**童子**"，下"瞳"作"童"。畢沅云"瞳、眸"乃"童、牟"俗字。
③ 眸子，王刻本作"**牟子**"，下"眸"作"牟"。
④ 兩旁，王先慎曰當作"面兩旁"。

8.040　齒(chǐ)，始也。少長之別，始乎此也。以齒食多者長也，
　　　食少者幼也。

8.041　頤(yí)，養也。動於下，止於上，上下咀物，以養人也①。

8.042　牙(yá)，櫡牙也②，隨形言之也。

8.043　輔車(fǔchē)，其骨強，所以輔持口也。或曰牙車(yáchē)，
　　　牙所載也。或曰頷(hàn)③，頷，含也，口含物之車也。或
　　　曰頰車(jiáchē)，亦所以載物也。或曰鼸車(xiànchē)，鼸鼠
　　　之食積於頰，人食似之，故取名也。凡繫於車，皆取在下
　　　載上物也。

8.044　耳(ěr)，[氏/耳]也，耳有一體，屬著兩邊，[氏/耳][氏/耳]然也。

8.045　脣(chún)，緣也，口之緣也。

8.046　吻(wěn)，免也。入之則碎，出則免也。又取抆也。漱唾
　　　所出，恆加抆拭，因以爲名也。

8.047　舌(shé)，卷也④，可以卷制食物使不落也。

---

① 王刻本該條與後“輔車”條合一在“牙……言之也”後。畢沅云牙當承齒下，
　齒、牙、頤、輔各以類相從。
② 櫡，王先謙云乃“齺”之誤字。
③ 頷，王刻本作“頷車”。
④ 王刻本該條以“或曰口卷也……”承“吻”下。前已有“舌”。畢沅云“舌卷”
　乃“口卷(kǒujuǎn)”之譌。

8.048　鼻下曰**立人**(lìrén)，取立於鼻下，狹而長，似人立也。

8.049　口上曰**髭**(zī)。髭，姿也，爲姿容之美也。

8.050　口下曰**承漿**(chéngjiāng)。漿，水也[1]。

8.051　頤下曰**鬚**(xū)。鬚，秀也，物成乃秀，人成而鬚生也[2]。亦取須體幹長而後生也。

8.052　在頰耳旁曰**髯**(rán)，隨口動搖髯髯然也[3]。

8.053　其上連髮曰**鬢**(bìn)。鬢，濱也；濱，崖也[4]，爲面額之崖岸也。

8.054　鬢曲頭曰**距**(jù)。距，拒也[5]，言其曲似拒也。

8.055　**項**(xiàng)，确也，堅确受枕之處也。

8.056　**頸**(jǐng)，俓也，俓挺而長也。

8.057　**咽**(yān)，咽物也。

8.058　**膼**(yīng)[6]，在頤纓理之中也[7]。青、徐謂之**脰**(dòu)，物投

———————

① 漿水也，王刻本作"承水漿也"。

② 鬚，王刻本作"須"。鬚，"須"之後起字，《說文解字》作"須"。

③ 髯髯，王刻本作"冄冄"。

④ 崖，王刻本作"厓"。

⑤ 拒，王刻本作"矩"，下"拒"同。

⑥ 該條王刻本以"或謂之膼"承"咽"下。

⑦ "頤"後王刻本有"下"字。

其中,受而下之也。又謂之嗌(yì),氣所流通阨要之處也。

8.059　胡(hú),互也,在咽下垂,能歆互物也。

8.060　胷(xiōng),猶啌也,啌氣所衝也。

8.061　臆(yì),猶抑也,抑氣所塞也。

8.062　膺(yīng),雍也,氣所雍塞也。

8.063　腹(fù),複也,富也。腸胃之屬以自裹盛,復於外複之,其中多品似富者也。

8.064　心(xīn),纖也,所識纖微,無物不貫心也[①]。

8.065　肝(gān),幹也。五行屬木[②],故其體狀有枝幹也。凡物以大爲幹也[③]。

8.066　肺(fèi),勃也,言其氣勃鬱也。

8.067　脾(pí),裨也,在胃下,裨助胃氣,主化穀也。

8.068　腎(shèn),引也。腎屬水,主引水氣灌注諸衇也。

8.069　胃(wèi),圍也,圍受食物也。

8.070　腸(cháng),暢也,通暢胃氣,去滓穢也。

---

① 貫心,王刻本作"貫"。
② 五行屬木,王刻本作"於五行屬木"。
③ 大,王刻本作"木"。

8.071 臍(qí),劑也,腸端之所限劑也。

8.072 胞(bāo)①,鞄也。鞄,空虛之言也。主以虛承水汋也。或曰膀胱(pángguāng),言其體短而橫廣也。

8.073 自臍以下曰水腹(shuǐfù)②,水汋所聚也。又曰少腹(shàofù)。少,小也,比於臍以上爲小也。

8.074 陰(yīn),蔭也,言所在蔭翳也。

8.075 脅(xié),挾也,在兩旁,臂所挾也。

8.076 肋(lèi),勒也,檢勒五臟也③。

8.077 膈(gé),塞也,塞上下④,使氣與穀不相亂也。

8.078 腋(yè),繹也,言可張翕尋繹也。

8.079 肩(jiān),堅也。

8.080 甲(jiǎ),闔也,與胷脅皆相會闔也。

8.081 臂(bì),裨也,在旁曰裨也。

8.082 肘(zhǒu),注也,可隱注也。

8.083 腕(wàn),宛也,言可宛屈也。

---

① 胞,王刻本作"脬(pāo)"。
② 該條王刻本承"臍"下。
③ "檢勒"前王刻本有"所以"二字。
④ 塞上下,王刻本作"隔塞上下"。

8.084　掌(zhǎng)，言可以排掌也。

8.085　手(shǒu)，須也，事業之所須也。

8.086　節(jié)，有限節也。

8.087　爪(zhǎo)，紹也。筋極爲爪，紹續指端也。

8.088　背(bèi)，倍也，在後稱也。

8.089　脊(jǐ)，積也，積續骨節，終上下也。

8.090　尾(wěi)，微也，承脊之末稍微殺也。

8.091　要(yāo)，約也，在體之中約結而小也。

8.092　髖(kuān)，緩也，其腋皮厚而緩也。

8.093　臀(tún)[1]，殿也，高厚有殿遌也。

8.094　尻(kāo)，廖也，尻所在廖牢深也。

8.095　樞(shū)[2]，機也，要脾股動搖如樞機也。

8.096　髀(bì)，卑也，在下稱也。

8.097　股(gǔ)，固也，爲强固也。

8.098　膝(xī)，伸也，可屈伸也。

8.099　脚(jiǎo)，却也，以其坐時却在後也。

---

① 臀，原譌作“臂”。
② 該條與“尻”條原接排，中間無空格，畢沅認爲“樞”前當有“又樞也”三字。

8.100 脛(jìng)，莖也，直而長似物莖也。

8.101 膝頭曰膞(zhuǎn)。膞，圍也[1]，因形團圞而名之也[2]。

8.102 或曰蹁(pián)。蹁，扁也，亦因形而名之也。

8.103 足(zú)，續也，言續脛也。

8.104 趾(zhǐ)，止也，言行一進一止也。

8.105 蹄(tí)，底也，足底也[3]。

8.106 踝(huái)，碨也，居足兩旁，磽碨然也。亦因其形踝踝然也。

8.107 足後曰跟(gēn)，在下旁著地，一體任之，象木根也。

8.108 踵(zhǒng)[4]，鍾也。鍾，聚也，上體之所鍾聚也。

---

[1] 圍，王刻本作"團"，當是。
[2] 團圞，王刻本作"團"。
[3] 底本"足底也"前空另起。
[4] 王刻本該條以"又謂之踵"承"跟"下。

釋名卷第三

劉熙字成國撰

釋姿容第九

9.001 **姿**(zī)，資也；資，取也，形貌之稟，取爲資本也。

9.002 **容**(róng)，用也，合事宜之用也。

9.003 **妍**(yán)，研也，研精於事宜，則無蚩繆也。

9.004 **蚩**(chī)，癡也①。

9.005 兩脚進曰**行**(xíng)。行，抗也，抗足而前也。

9.006 徐行曰**步**(bù)。步，捕也，如有所伺捕，務安詳也。

9.007 疾行曰**趨**(qū)。趨，赴也，赴所至也②。

9.008 疾趨曰**走**(zǒu)。走，奏也，促有所奏至也。

9.009 **奔**(bēn)，變也，有急變奔赴之也。

9.010 **仆**(pū)，踣也，頓踣而前也。

9.011 **超**(chāo)，卓也，舉脚有所卓越也。

---

① 該條原與上條“妍”接排，無空格。王刻本亦另起。
② 至，王刻本作“期”。

9.012 跳(tiào)，條也，如草木枝條務上行也。

9.013 立(lì)，林也，如林木森然各駐其所也。

9.014 騎(qí)，支也，兩脚枝別也。

9.015 乘(chéng)，陞也，登(dēng)亦如之也。

9.016 載(zài)，載也，在其上也[1]。

9.017 擔(dān)[2]，任也，任力所勝也。

9.018 負(fù)，背也，置項背也。

9.019 駐(zhù)，株也，如株木不動也。

9.020 坐(zuò)，挫也，骨節挫屈也。

9.021 伏(fú)，覆也。

9.022 偃(yǎn)，安也[3]。

9.023 僵(jiāng)，正直畺然也。

9.024 側(zè)，逼也。

9.025 據(jù)，居也。

---

① 載也在其上也，王刻本作"戴也，戴在其上也"。

② 擔，畢沅認爲當作"儋"。

③ 該條原與上條"伏"接排，無空格。王刻本亦另起。

9.026　企(qǐ)，啟開也。目延疎之時，諸機樞皆開張也①。

9.027　竦(sǒng)，從也，體皮皆從引也②。

9.028　視(shì)，是也，察是非也。

9.029　聽(tīng)，靜也，靜然後所聞審也。

9.030　觀(guān)，翰也，望之延頸翰翰也。

9.031　望(wàng)，茫也，遠視茫茫也。

9.032　跪(guì)，危也，兩膝隱地，體危倪也③。

9.033　跽(jì)，忌也，見所敬忌，不敢自安也。

9.034　拜(bài)，於丈夫爲跌，跌然屈折下就地也；於婦人爲扶，自抽扶而上下也。

9.035　攀(pān)，翻也，連翻上及言也④。

9.036　掣(chè)，制也，制頓之使順己也。

9.037　牽(qiān)，弦也，使弦急也。

9.038　引(yǐn)，演也，徒演廣也⑤。

---

① 該條王刻本作"企，啟也。啟，開也，言自延竦之時，樞機皆開張也"。
② 皮，王刻本作"支"。
③ 倪，王刻本作"阢"。
④ "言"前王刻本有"之"字。
⑤ 徒，王刻本作"使"是。

9.039 **搉**(jū),局也,使相局近也。

9.040 **撮**(cuō),捽也,暫捽取之也①。

9.041 **攄**(zhā),叉也,五指俱往也②。

9.042 **捉**(zhuō),捉也③,使相促及也。

9.043 **執**(zhí),攝也,使畏攝己也。

9.044 **拈**(niān),黏也,兩指翕之,黏著不放也。

9.045 **抶**(chì),鐵也,其處皮薰黑色如鐵也。

9.046 **踏**(tà),蹋也④,榻著地也。

9.047 **批**(pī),裨也,兩相裨助,共擊之也。

9.048 **搏**(bó),博也,四指廣博,亦似擊之也⑤。

9.049 **挾**(xié),夾也,在旁也。

9.050 **捧**(pěng),逢也,兩手相逢以執之也。

9.051 **懷**(huái),回也,本有去意,回來就己也。亦言歸也,來歸己也。

———————————

① 暫,王刻本作"擊"。
② 俱往也,王刻本作"俱往叉取也"。
③ 捉,王刻本作"促"是。
④ 蹋,畢沅疑或當作"遝"。
⑤ 似,王刻本作"以"。

9.052　**抱**(bào)，保也，相親保也。

9.053　**戴**(dài)，載也，載之於頭也。

9.054　**提**(tí)，地也，臂垂所持近地也。

9.055　**挈**(qiè)，結也；結，束也，束持之也。

9.056　**持**(chí)，跱也，跱之於手中也。

9.057　**操**(cāo)，抄也，手出其下之言也。

9.058　**攬**(lǎn)，斂也，斂置手中也。

9.059　**擁**(yōng)，翁也，翁撫之也。

9.060　**撫**(fǔ)，敷也，敷手以拍之也。

9.061　**拍**(pāi)，搏也，手搏其上也①。

9.062　**摩娑**(mósuō)，猶末殺也，手上下之言也。

9.063　**蹙**(cù)，遵也②，遵迫之也。

9.064　**踐**(jiàn)，殘也，使殘壞也。

9.065　**踖**(jí)，藉也，以足藉也。

9.066　**履**(lǚ)，以足履之，因以名之也。

9.067·**蹈**(dǎo)，道也，以足踐之，如道路也。

---

① 手，王刻本作"以手"。
② 遵，王刻本作"遒"，下"遵"同。"蹙、遵"音不近。

9.068 趾(cǐ),弭也,足踐之使弭服也。

9.069 躡(niè),懾也,登其上使懾服也。

9.070 匍匐(púfú),小兒時也。匍,猶捕也,藉索可執取之言也。匐,伏也,伏地行也。人雖長大,及其求事盡力之勤,猶亦稱之。《詩》曰:"凡民有喪,匍匐救之。" 是也。

9.071 偃(yǎn),蹇也,偃息而臥不執事也[1]。

9.072 蹇(jiǎn),跛蹇也,病不能作事,今託病似此而不宜執事役也。

9.073 望佯(wàngyáng)[2],佯,陽也,言陽氣在上,舉頭高似若望之然也。

9.074 沐(mù),禿也。沐者髮下垂,禿者無髮,皆無上貌之稱也。

9.075 卦賣(guàmài),卦,掛也,自掛於市而自賣邊,自可無戁色,言此似之也。

9.076 倚簁(yǐshāi),倚,伎也;簁,作清簁也。言人多技巧,尚輕細如簁也。

9.077 寠數(jùshǔ),猶局縮,皆小意也。

---

① 該條與下條,王刻本作一條:偃蹇:偃,偃息而臥不執事也。蹇,跛蹇也,病不能作事,今託病似此也。

② 望佯,畢沅認爲當作"望羊","佯"非是。下"佯"字同。

9.078 齧掣(nièchè)，掣，卷掣也；齧，噬齧也。語説卷掣，與人相持齧也。

9.079 岻摘(màizhāi)，猶譎摘也，如醫別人岻，知疾之意，見事者之稱也。

9.080 貸駭(dàiái)者，貸言以物貸予，駭者言必棄之不復得也，不相量事者之稱也。此皆見於形貌者也。

9.081 卧(wò)，化也，精氣變化，不與覺時同也。

9.082 寐(mèi)，謐也，靜謐無聲也。

9.083 寝(qǐn)，權假卧之名也。寝，侵也，侵損事功也。

9.084 眠(mián)，泯也，無知泯泯也。

9.085 覺(jué)，告也。

9.086 寤(wù)，忤也，能與物相接忤也。

9.087 欠(qiàn)，嶔也[1]，開張其口聲屑嶔嶔也[2]。

9.088 嚏(tì)，蹢也[3]，聲作蹢而出也。

9.089 笑(xiào)，鈔也，頰皮上鈔者也。

---

① 嶔，王刻本作"欽"。下二"嶔"字同。
② 聲，王刻本無。
③ 蹢，王刻本作"寔"。下"蹢"字同。

釋長幼第十

10.001　人始生曰**嬰兒**(yīng'ér)。智前曰嬰,抱之嬰前,乳養之
也。或曰**嬰婗**(yīní),嬰,是也,言是人也;婗,其啼聲也,
故因以名之也。

10.002　**男**(nán),任也,典任事也。

10.003　**女**(nǔ),如也,婦人外成如人也。故三從之義,少如父
教,嫁如夫命,老如子言。青、徐州曰**姞**(wù)。姞,忤也,
始生時,人意不喜,忤忤然也。

10.004　兒始能行曰**孺**(rú)[①]。孺,濡也,言濡弱也。

10.005　七年曰**悼**(dào)。悼,逃也,知有廉恥,隱逃其情也。亦
言是時而死,可傷悼也。

10.006　毀齒曰**齔**(chèn)。齔,洗也,毀洗故齒,更生新也。

10.007　**長**丁丈反(zhǎng),萇也,言體萇也。

10.008　**幼**(yòu),少也,言生日少也。

_____

① 孺,王刻本作"**孺子**"。

10.009　十五曰**童**(tóng)，故《禮》有陽童。牛羊之無角者曰童，山無草木曰童。言未巾冠似之也。女子之未笄者亦稱之也。

10.010　二十曰**弱**(ruò)，言柔弱也。

10.011　三十曰**壯**(zhuàng)，言丁壯也。

10.012　四十曰**強**(qiáng)，言堅强也。

10.013　五十曰**艾**(ài)。艾，治也①。治事能斷割芟刈，無所疑也。

10.014　六十曰**耆**(qí)。耆，指也，不從力役，指事使人也。

10.015　七十曰**耄**(mào)，頭髮白耄耄然也。

10.016　八十曰**耋**(dié)。耋，鐵也，皮膚變黑，色如鐵也。

10.017　九十曰**鮐背**(táibèi)，背有鮐文也。或曰**黃耇**(huánggǒu)，鬢髮變黃也。耇，垢也，皮色驪悴，恆如有垢者也。或曰**胡耇**(húgǒu)，咽皮如雞胡也。或曰**凍梨**(dònglí)，皮有班黑②，如凍梨色也。或曰**齯齯**(níní)③，大齒落盡，更生細者，如小兒齒也。

10.018　百年曰**期頤**(qīyí)。頤，養也，老昏不復知服味善惡，孝

———————

① 艾治也，王刻本作"艾，乂也；乂，治也"。

② 黑，王刻本作"點"。

③ 齯齯，王刻本作"齯齒(níchǐ)"。

子期於盡養道而已也。

10.019　**老**(lǎo)，朽也。老而不死曰**仙**(xiān)。仙，遷也，遷入山也，故其制字人旁作山也。

釋親屬第十一

11.001 **親**(qīn)，襯也，言相隱襯也。

11.002 **屬**(shǔ)，續也，恩相連續也。

11.003 **父**(fù)，甫也，始生己也。

11.004 **母**(mǔ)，冒也，含生己也。

11.005 **祖**(zǔ)，祚也，祚物先也。又謂之**王父**(wángfù)。王，暀也，家中所歸暀也。**王母**(wángmǔ)亦如之。

11.006 **曾祖**(zēngzǔ)，從下推上，祖位轉增益也。

11.007 **高祖**(gāozǔ)，高，皋也，最在上，皋韜諸下也。

11.008 **兄**(xiōng)，荒也；荒，大也。故青、徐人謂兄爲荒也。

11.009 **弟**(dì)，弟也，相次第而上也①。

11.010 **子**(zǐ)，孳也，相生蕃孳也。

11.011 **孫**(sūn)，遜也，遜遁在後生也。

---

① 第，王刻本作“弟”。

11.012 **曾孫**(zēngsūn)，義如曾祖也。

11.013 **玄孫**(xuánsūn)，玄，懸也[1]，上懸於高祖，最在下也。

11.014 玄孫之子曰**來孫**(láisūn)。此在無服之外，其意疏遠，呼之乃來也。

11.015 來孫之子曰**昆孫**(kūnsūn)。昆，貫也，恩情轉遠，以禮貫連之耳。

11.016 昆孫之子曰**仍孫**(réngsūn)，以禮仍有之耳，恩意實遠也。

11.017 仍孫之子曰**雲孫**(yúnsūn)，言去己遠，如浮雲也。皆爲早娶、晚死、壽考者言也。

11.018 父之兄曰**世父**(shìfù)，言爲嫡統繼世也。又曰**伯父**(bófù)。伯，把也，把持家政也。

11.019 父之弟曰**仲父**(zhòngfù)。仲，中也，位在中也。

11.020 仲父之弟曰**叔父**(shūfù)。叔，少也。

11.021 叔之弟曰**季父**(jìfù)[2]。季，癸也，甲乙之次，癸最在下，季亦然也。

---

① 懸，王刻本作“縣”。下“懸”字同。
② 叔，王刻本作“叔父”是。

11.022　父之世叔父母曰**從祖父母**(cóngzǔfùmǔ)，言從己親祖別而下也。亦言隨從己祖以爲名也。

11.023　父之姊妹曰**姑**(gū)。姑，故也，言於己爲久故之人也。

11.024　**姊**(zǐ)，積也，猶日始出，積時多而明也。

11.025　**妹**(mèi)，昧也，猶日始入，歷時少尚昧也。

11.026　姑謂兄弟之女爲**姪**(zhí)。姪，迭也，共行事夫，更迭進御也。

11.027　夫之父曰**舅**(jiù)。舅，久也，久老稱也。

11.028　夫之母曰**姑**(gū)，亦言故也。

11.029　母之兄弟曰**舅**(jiù)，亦如之也。

11.030　妻之父曰**外舅**(wàijiù)，母曰**外姑**(wàigū)，言妻從外來，謂至己家爲婦，故反以此義稱之，夫妻匹敵之義也。

11.031　妻之昆弟曰**外甥**(wàishēng)，其姊妹女也，來歸己，內爲妻，故其男爲外甥之甥[①]。甥者，生也，他姓子本生於外，不得如其女來在己內也。

11.032　姊妹之子曰**出**(chū)，出嫁於異姓而生之也。

11.033　出之子曰**離孫**(lísūn)，言遠離己也。

---

① 外甥之甥，王刻本作"外姓之甥"。

11.034 姪之子曰**歸孫**(guīsūn)。婦人謂嫁曰歸,姪子列,故其
　　　 所生爲孫也。

11.035 妻之姊妹曰**娣**(dì)①。娣,弟也,言與己妻相長弟也。

11.036 母之姊妹曰**姨**(yí),亦如之。禮謂之**從母**(cóngmǔ)。爲
　　　 娣而來,則從母列也,故雖不來,猶以此名之也。

11.037 姊妹互相謂夫曰**私**(sī),言於其夫兄弟之中,此人與己
　　　 姊妹有恩私也。

11.038 舅謂姊妹之子曰**甥**(shēng)。甥,亦生也,出配他男而生,
　　　 故其制字男旁作生也。

11.039 妾謂夫人之嫡妻曰**女君**(nǚjūn)②。夫爲男君,故名其妻
　　　 曰女君也。

11.040 **嫂**(sǎo),叟也。叟,老者稱也。叟,縮也,人及物老皆縮
　　　 小於舊也。

11.041 **叔**(shū),少也,幼者稱也。叔亦俶也,見嫂俶然却退也。

11.042 夫之兄曰**公**(gōng)。公,君也;君,尊稱也。

---

① 娣,畢沅由下文 "母之姊妹曰姨亦如之" 推當作 "姨",故王刻本作 "姨"。下
　 "娣" 字同。
② 夫人,王刻本作 "夫"。

11.043 俗間曰**兄章**(xiōngzhāng)①。章,灼也,章灼敬奉之也。又曰**兄忪**(xiōngzhōng)②,是己所敬,見之怔忡③,自肅齊也。俗或謂舅曰**章**(zhāng),又曰**忪**(zhōng),亦如之也。

11.044 少婦謂長婦曰**姒**(sì),言其先來,己所當法似也。

11.045 長婦謂少婦曰**娣**(dì)。娣,弟也,己後來也。或曰**先後**(xiānhòu),以來先後言之也④。

11.046 青、徐人謂長婦曰**稙長**(zhízhǎng)。禾苗先生者曰稙,取名於此也。荆、豫人謂長婦曰**熟**(shú)⑤。熟,祝也;祝,始也。

11.047 兩婿相謂曰**亞**(yà),言一人取姊、一人取妹,相亞次也。又並來至女氏門,姊夫在前,妹夫在後,亦相亞而相倚,共成其禮也⑥。又曰**友婿**(yǒuxù),言相親友也。

11.048 婦之父曰**婚**(hūn),言婿親迎用昏,又恆以昏夜成禮也。

11.049 婿之父曰**姻**(yīn)。姻,因也,女往因媒也。

11.050 天子之妃曰**后**(hòu)。后,後也,言在後不敢以副言也。

---

① 該條王刻本與上條合一,是。
② 兄忪,王刻本作“**兄伀**”。下“忪”字作“**伀**”。
③ 忡,王刻本作“**伀**”。
④ 言,王刻本作“**弟**”。
⑤ 熟,王刻本作“**孰**”。下“熟”字同。
⑥ 王刻本無“而相倚共成其禮”七字。

11.051 諸侯之妃曰**夫人**(fūrén)。夫,扶也,扶助其君也。

11.052 卿之妃曰**內子**(nèizǐ)。子,女子也,在閨門之內治家也。

11.053 大夫之妃曰**命婦**(mìngfù)。婦,服也,服家事也。夫受
命於朝,妻受命於家也。

11.054 士庶人曰**妻**(qī)。妻,齊也,夫賤不足以尊稱,故齊等言也。

11.055 天子妾有**嬪**(pín)。嬪,賓也,諸妾之中見賓敬也。

11.056 **妾**(qiè),接也,以賤見接幸也。姪娣曰**媵**(yìng)。媵,承
事嫡也[①]。

11.057 **配**(pèi),輩也,一人獨處,一人往輩耦之也。

11.058 **匹**(pǐ),辟也,往相辟耦也。耦,遇也,二人相對遇也。

11.059 **嫡**(dí),敵也,與匹相敵也。

11.060 **庶**(shù),摭也,拾摭之也,謂拾摭微陋待遇之也。

11.061 無妻曰**鰥**(guān)。鰥,昆也;昆,明也。愁悒不寐,目恆
鰥鰥然也。故其字從魚,魚目恆不閉者也。

11.062 無夫曰**寡**(guǎ)。寡,踝也,踝踝單獨之言也。

11.063 無父曰**孤**(gū)。孤,顧也,顧望無所瞻見也。

11.064 老而無子曰**獨**(dú)。獨,隻獨也,言無所依也。

---

① 承事嫡也,王刻本作"承也,承事嫡也"。

釋名卷第四

劉熙字成國撰

---

① 采,釋名目録作"綵"。

釋言語第十二

12.001　**道**(dào)，導也，所以通導萬物也。

12.002　**德**(dé)，得也，得事宜也。

12.003　**文**(wén)者，會集衆綵以成錦繡[1]，會集衆字以成辭義[2]，如文繡然也。

12.004　**武**(wǔ)，舞也，征伐動行，如物鼓舞也。故《樂記》曰："發揚蹈厲，太公之志也。"

12.005　**仁**(rén)，忍也，好生惡殺，善含忍也。

12.006　**義**(yì)[3]，宜也，裁制事物，使合宜也。

12.007　**禮**(lǐ)，體也，得事體也。

12.008　**智**(zhì)，知也，無所不知也。

12.009　**信**(xìn)，申也，言以相申束，使不相違也。

---

[1] 綵，王刻本作"采"。

[2] 辭義，王刻本作"詞誼"。

[3] 義，王刻本作"誼"。

12.010　孝(xiào)，好也，愛好父母，如所悦好也[1]。《孝經説》曰：
　　　　 "孝，畜也，畜養也。"

12.011　慈(cí)，字也。字，愛物也。

12.012　友(yǒu)，有也，相保有也。

12.013　恭(gōng)，拱也，自拱持也。亦言供給事人也。

12.014　悌(tì)，弟也。

12.015　敬(jìng)，警也，恆自肅警也。

12.016　慢(màn)，漫也，漫漫心無所限忌也。

12.017　通(tōng)，洞也，無所不貫洞也。

12.018　達(dá)，徹也。

12.019　敏(mǐn)，閔也，進敘無否滯之言也，故汝、潁言敏曰
　　　　 閔也[2]。

12.020　篤(dǔ)，築也。築，堅實稱也。

12.021　厚(hòu)，後也，有終後也，故青、徐人言厚曰後也[3]。

12.022　薄(bó)，迫也，單薄相逼迫也。

12.023　懿(yì)，優也，言奧優也。

---

① 悦，王刻本作"説"。
② 曰，王刻本作"如"。

12.024 **良**(liáng)，量也，量力而動，不敢越限也。

12.025 **言**(yán)，宣也，宣彼此之意也。

12.026 **語**(yǔ)，敘也，敘己所欲說也。

12.027 **說**(shuō)，述也，序述之也[①]。

12.028 **序**(xù)，抒也，拽抒其實也。

12.029 **抴**(yè)，泄也，發泄出之也。

12.030 **發**(fā)，撥也，撥使開也。

12.031 **撥**(bō)，播也，播使移散也。

12.032 **導**(dǎo)，陶也，陶演己意也。

12.033 **演**(yǎn)，延也，言蔓延而廣也。

12.034 **頌**(sòng)，容也，序說其成功之形容也。

12.035 **讚**(zàn)，錄也，省錄之也。

12.036 **銘**(míng)，名也，記名其功也。

12.037 **勒**(lè)，刻也，刻識之也。

12.038 **紀**(jì)，記也，記識之也。**識**(zhì)，幟也，有章幟可按視也。

12.039 **視**(shì)，是也，察其是非也。

---

① 序述之，王刻本作 "宣述人意"。

12.040　**是**(shì)，嗜也，人嗜樂之也。

12.041　**非**(fēi)，排也，人所惡排去也。

12.042　**基**(jī)，據也，在下，物所依據也。

12.043　**業**(yè)，捷也，事捷乃有功業也。

12.044　**事**(shì)，偉也①。偉，立也，凡所立之功也，故青、徐人言
　　　　立曰偉也。

12.045　**功**(gōng)，攻也，攻治之乃成也。

12.046　**取**(qǔ)，趣也。

12.047　**名**(míng)，明也，名實事使分明也②。

12.048　**號**(hào)，呼也，以其善惡呼名之也。

12.049　**善**(shàn)，演也，演盡物理也。

12.050　**惡**(è)，扼也，扼困物也。

12.051　**好**(hǎo)，巧也，如巧者之造物，無不皆善，人好之也。

12.052　**醜**(chǒu)，臭也，如臭穢也③。

12.053　**遲**(chí)，頹也，不進之言也。

---

① 偉，王刻本作"偉"。下二"偉"字同。
② 王刻本無"事"字。
③ 如臭穢，王刻本作"如物臭穢"。

12.054 　疾(jí)，截也，有所越截也。

12.055 　緩(huǎn)，浣也，斷也，持之不急則動搖浣斷，自放縱也。

12.056 　急(jí)，及也，操切之使相逮及也。

12.057 　巧(qiǎo)，考也，考合異類，共成一體也。

12.058 　拙(zhuō)，屈也，使物否屈不爲用也。

12.059 　燥(zào)，燋也①。

12.060 　濕(shī)，浥也。

12.061 　彊(qiáng)，畺也。

12.062 　弱(ruò)，衄也。言委也②。

12.063 　能(néng)，該也，無物不兼該也。

12.064 　否(pǐ)，鄙也，鄙劣不能有所堪成也。

12.065 　躁(zào)，燥也，物燥乃動而飛揚也。

12.066 　靜(jìng)，整也。

12.067 　逆(nì)，遻也，不從其理③，則生殿遻不順也。

12.068 　順(shùn)，循也，循其理也。

---

① 燋，王刻本作“焦”。

② 言委也，王刻本作“又言委也”。

③ “不從其理”前底本空，應是漏“遻”字。

12.069 清(qīng)，青也，去濁遠穢，色如青也。

12.070 濁(zhuó)，瀆也，汁滓演瀆也。

12.071 貴(guì)，歸也，物所歸仰也。汝、潁言貴，聲如歸往之歸也。

12.072 賤(jiàn)，踐也，卑下見踐履也。

12.073 榮(róng)，猶熒也，熒熒，照明貌也。

12.074 辱(rǔ)，衂也，言折衂也。

12.075 禍(huò)，毀也，言毀滅也。

12.076 福(fú)，富也，其中多品如富者也。

12.077 進(jìn)，引也，引而前也。

12.078 退(tuì)，墜也。

12.079 羸(léi)，累也，恆累於人也。

12.080 健(jiàn)，建也，能有所建爲也。

12.081 哀(āi)，愛也，愛乃思念之也。

12.082 樂(lè)，樂也，使人好樂之也。

12.083 委(wěi)，萎也，萎蕤就之也。

12.084 曲(qū)，局也，相近局也。

12.085　蹤(zōng)，從也，人形從之也。

12.086　跡(jì)，積也，積累而前也。

12.087　扶(fú)，傅也，傅近之也。將(jiāng)①，救護之也。

12.088　縛(fù)，薄也，使相薄著也。

12.089　束(shù)，促也，相促近也。

12.090　覆(fù)，孚也，如孚甲之在物外也。

12.091　蓋(gài)，加也，加物上也。

12.092　威(wēi)，畏也，可畏懼也。

12.093　嚴(yán)，儼也，儼然人憚之也。

12.094　政(zhèng)，正也，下所取正也。

12.095　教(jiào)，傚也，下所法傚也。

12.096　侍(shì)，時也，尊者不言，常於時供所當進者也。

12.097　御(yù)，語也，尊者將有所欲，先語之也。亦言職卑，尊
者所勒御，如御牛馬然也。

12.098　雅(yǎ)，難也，爲之難，人將爲之，難難然憚之也。

12.099　俗(sú)，欲也，俗人所欲也。

---

① 將，原作“捁”。

12.100 **艱**(jiān)，根也，如物根也。

12.101 **難**(nán)，憚也，人所忌憚也。

12.102 **吉**(jí)，實也，有善實也。

12.103 **凶**(xiōng)，空也，就空亡也。

12.104 **停**(tíng)，定也，定於所在也。

12.105 **起**(qǐ)，啟也，啟一舉體也。

12.106 **翱**(áo)，敖也，言敖遊也。

12.107 **翔**(xiáng)，佯也，言仿佯也。

12.108 **出**(chū)，推也，推而前也。

12.109 **入**(rù)，納也①，納使還也。

12.110 **候**(hòu)，護也，司護諸事也。

12.111 **望**(wàng)，惘也，視遠惘惘也。

12.112 **狡**(jiǎo)，交也，與物交錯也。

12.113 **夬**(guài)，決也，有所破壞，決裂之於終始也。

12.114 **始**(shǐ)，息也，言滋息也。

12.115 **消**(xiāo)，削也，言減削也。

---

① 納，王刻本作"内"。下"納"字同。

12. 116 息(xī)，塞也，塞滿也^①。

12. 117 姦(jiān)，奸也，言奸正法也。

12. 118 宄(guǐ)，佹也，佹易常正也。

12. 119 誰(shuí)，相也^②，有相擇，言不能一也。

12. 120 往(wǎng)，眰也，歸眰於彼也，故其言之於印頭以指遠也。

12. 121 來(lái)，哀也，使來入己哀之，故其言之低頭以招之也。

12. 122 麤(cū)，錯也，相遠之言也。

12. 123 納(nà)^③，弭也，弭弭兩致之言也。

12. 124 疏(shū)，索也，獲索相遠也。

12. 125 密(mì)，蜜也，如蜜所塗，無不滿也。

12. 126 甘(gān)，含也，人所含也。

12. 127 苦(kǔ)，吐也，人所吐也。

12. 128 安(ān)，晏也，晏晏然和喜無動懼也。

12. 129 危(wēi)，阢也，阢阢不固之言也。

---

① 塞滿也，王刻本作"言物滋息塞滿也"。
② 相，王刻本作"推"。下"相"字同。
③ 此篇皆兩兩相對，"納"當爲"細(xì)"之譌。

12.130　成(chéng),盛也。

12.131　敗(bài),潰也。

12.132　亂(luàn),渾也。

12.133　治(zhì),值也,物皆值其所也。

12.134　煩(fán),繁也,物繁則相雜撓也。

12.135　省(shěng),嗇也,曜嗇約少之言也[①]。

12.136　間(jiàn),簡也,事功簡省也。

12.137　劇(jù),巨也,事功巨也。

12.138　貞(zhēn),定也,精定不動惑也。

12.139　淫(yín),浸也,浸淫旁入之言也[②]。

12.140　沈(chén),澹也,澹然安著之言也。

12.141　浮(fú),孚也,孚甲在上稱也。

12.142　貪(tān),探也,探入他分也[③]。

12.143　廉(lián),斂也,自檢斂也。

12.144　潔(jié),確也,確然不群貌也。

---

① 嗇也曜嗇約少之言也,王刻本作"瘦也,臞瘦約少之言也"。
② 入,王刻本作"人"。
③ 探,王刻本作"探取"。

12.145 **污**(wū)，洿也，如洿泥也。

12.146 **公**(gōng)，廣也，可廣施也。

12.147 **私**(sī)，恤也，所恤念也。

12.148 **勇**(yǒng)，踴也，遇敵踴躍，欲擊之也。

12.149 **怯**(qiè)，脅也，見敵恐脅也。

12.150 **斷**(duàn)，段也，分爲異段也。

12.151 **絶**(jué)，截也，如割截也。

12.152 **罵**(mà)，迫也，以惡言被迫人也。

12.153 **詈**(lì)，歷也，以惡言相彌歷也。亦言離也，以此掛離之也。

12.154 **祝**(zhù)，屬也，以善惡之詞相屬著也。

12.155 **詛**(zǔ)，阻也，使人行事阻限於言也。

12.156 **盟**(méng)，明也，告其事於神明也。

12.157 **誓**(shì)，制也，以拘制之也。

12.158 **佐**(zuǒ)，左也，在左右也。

12.159 **助**(zhù)，乍也，乍往相助①，非長久也。

---

① 助，原譌作"阻"。

12.160　飾(shì)，拭也，物穢者拭其上使明，由他物而後明，猶加文於質上也。

12.161　蕩(dàng)，盪也，排盪去穢垢也。

12.162　啜(chuò)，惙也，心有所念，惙然發此聲也。

12.163　嗟(jiē)，佐也，言之不足以盡意，故發此聲以自佐也。

12.164　噫(yī)，憶也，憶念之，故發此聲憶之也[1]。

12.165　嗚(wū)，舒也，氣憤滿[2]，故發此聲以舒寫之也。

12.166　念(niàn)，黏也，意相親愛，心黏著不能忘也。

12.167　憶(yì)，意也，恆在意中也。

12.168　思(sī)，司也，凡有所司捕，必靜，思忖亦然也。

12.169　克(kè)，刻也，刻物有定處，人所克念有常心也。

12.170　慮(lǜ)，旅也；旅，眾也。《易》曰："一致百慮。"慮及眾物，以一定之也。

---

[1] 憶，王刻本作"噫"。
[2] 滿，王刻本作"懣"。

釋飲食第十三

13.001 **飲**(yǐn)，奄也，以口奄而引咽之也。

13.002 **食**(shí)，殖也，所以自生殖也。

13.003 **啜**(chuò)，絕也，乍啜而絕於口也。

13.004 **飡**(cān)，乾也，乾入口也。

13.005 **吮**(shǔn)，循也，不絕口，稍引滋汋，循咽而下也。

13.006 **嗽**(shuò)，促也，用口急促也。

13.007 **含**(hán)，合也，合口停之也[①]。**銜**(xián)亦然也。

13.008 **咀**(jǔ)，藉也，以藉齒牙也。

13.009 **嚼**(jué)，削也，稍削也。

13.010 鳥曰**啄**(zhuó)，如啄物上復下也。

13.011 獸曰**齧**(niè)。齧，齾也，所臨則秃齾也。

13.012 **餅**(bǐng)，并也，溲麪使合并也。

---

① 停，王刻本作"亭"。

13.013　胡餅(húbǐng)，作之大漫沍也。亦言以胡麻著上也。
蒸餅(zhēngbǐng)、湯餅(tāngbǐng)、蝎餅(xiēbǐng)、髓餅
(suǐbǐng)、金餅(jīnbǐng)、索餅(suǒbǐng)之屬，皆隨形而名
之也。

13.014　糝(sǎn)，黏也^①，相黏黏也。

13.015　餌(ěr)，而也，相黏而也。

13.016　兗、豫曰溏浹(tángjiā)，就形名之也。

13.017　餈(cí)，漬也，丞燥屑使相潤漬餅之也^②。

13.018　饙(fēn)，分也，衆粒各自分也。

13.019　飧(sūn)，散也，投水於中解散也。

13.020　嘆(tàn)^③，汪也，汁汪郎也。

13.021　膈(hè)^④，蒿也，香氣蒿蒿也。

13.022　糜(mí)，煮米使糜爛也。

13.023　粥(zhōu)，濯於糜^⑤，粥粥然也。

---

① 黏，王刻本作“黏”。
② 丞，當作“烝”。
③ 嘆，畢沅認爲當作“羹(gēng)”。
④ 膈，王刻本作“臒(huò)”。
⑤ 濯，王刻本作“濁”。

13.024 **漿**(jiāng)，將也，飲之寒温多少與體相將順也。

13.025 **湯**(tāng)，熱湯湯也。

13.026 **酪**(luò)，澤也，乳作汁，所使人肥澤也①。

13.027 **齏**(jī)，濟也，與諸味相濟成也。

13.028 **菹**(zū)，阻也，生釀之，遂使阻於寒温之間，不得爛也。

13.029 **䤅**(tóu)，投也，味相投成也。

13.030 **醢**(hǎi)，海也，冥也②，封塗使密冥乃成也。醢多汁者曰
醯(xī)③。醯，瀋也，宋、魯人皆謂汁爲**瀋**(shěn)。醢有骨
者曰**臡**如叱反(ní/rì)。臡，胒也，骨肉相搏胒無汁也。

13.031 **豉**(chǐ)，嗜也，五味調和須之而成，乃可甘嗜也，故齊人
謂豉聲而嗜也。

13.032 **麴**(qū)，朽也，鬱之使生衣朽敗也。

13.033 **糱**(niè)，缺也，漬麥覆之，使生牙開缺也。

13.034 **鮓**(zhǎ)，也④，以鹽米釀之如菹⑤，熟而食之也。

---

① 乳作汁所，王刻本作"乳汁所作"。
② 海也冥也，王刻本作"晦也；晦，冥也"。
③ 醯，王刻本作**䀌**(tǎn)"。下"醯"字同。
④ "也"前缺釋語，畢沅云今本作"滓"，據《廣韻》《御覽》引改作"菹"。
⑤ 以鹽米釀之如菹，王刻本作"以鹽米釀魚以爲菹"。

13.035　腊(xī),乾昔也。

13.036　脯(fǔ),搏也,乾燥相搏著也。又曰脩(xiū)。脩,縮也,
　　　　乾燥而縮也。

13.037　膊(pò),迫也,薄掠肉迫著物使燥也。

13.038　膾(kuài),會也,細切肉令散,分其赤白異切之,已乃會
　　　　合和之也。

13.039　炙(zhì),炙也,炙於火上也。

13.040　脯炙(fǔzhì),以餳蜜豉汁淹之①,脯脯然也。

13.041　釜炙(fǔzhì),於釜汁中和熟之也。

13.042　脂(hàn),銜也。銜炙(xiánzhì),細密肉和以薑椒鹽豉②,
　　　　已乃以肉銜裹其表而炙之也。

13.043　貊炙(mòzhì),全體炙之,各自以刀割,出於胡貊之爲也。

13.044　膾(kuài),細切豬羊馬肉使如膾也。

13.045　生脠(shēngshān),以一分膾二分細切,合和挺攬之也。

13.046　血脂(xuèhàn),以血作之,增其酢豉之味,使若苦以消
　　　　酒也③。

---

①蜜,原作"密"。
②密,原作"宓"。
③若,王刻本作"甚"。

13.047 膏䰩(gāozàn)①,消膏而加䔑其中,亦以消酒也。

13.048 生瀹蔥薤曰兌(duì),言其柔滑兌兌然也。

13.049 韓羊(hányáng)、韓兔(hántù)、韓鷄(hánjī),本法出韓國所爲也,猶酒言宜成醪、蒼梧清之屬也。

13.050 腜(ào),奧也,藏肉於奧内,稍出用之也。

13.051 脬(pāo),赴也,夏月赴疾作之,久則臭也。

13.052 分乾(fēngān),切豬肉以梧,分乾其中而和之也。

13.053 肺腜(fèisǔn)②,腜,䰩也,以米糝之如膏䰩也。

13.054 鷄纖(jīxiān),細擘其腊令纖,然後漬以酢也。兔纖(tùxiān)亦如之。

13.055 餳(xíng),洋也,煮米消爛洋洋然也。

13.056 飴(yí),小弱於餳,形怡怡也。

13.057 餔(bǔ),餔也,如餳而濁可餔也③。

13.058 酒(jiǔ),酉也,釀之米麴酉釋,久而味美也。亦言踧也,能否皆彊相踧待飲之也。又入口咽之,皆踧其面也。

---

① 膏䰩,原闕,據下文及畢沅《釋名疏證》補。
② 肺腜,王刻本作“肺䐃”,畢沅認爲“腜”乃“䐃”之俗譌字。
③ 該條王刻本作“餔,餔也,如餳而濁可餔也”。

13.059 **緹齊**(tíjì)，色赤如緹也。

13.060 **盎齊**(àngjì)，盎①，滃滃然濁色也。

13.061 **汎齊**(fànjì)，浮蟻在上汎汎然也。

13.062 **沉齊**(chénjì)，濁滓沉下，汁清在上也。

13.063 **醴齊**(lǐjì)，醴，禮也，釀之一宿而成禮，有酒味而已也。

13.064 **醳酒**(yìjiǔ)，久釀酉澤也。

13.065 **事酒**(shìjiǔ)，有事而釀之酒也。

13.066 **苦酒**(kǔjiǔ)，淳毒甚者酢苦也。

13.067 **寒粥**(hánzhōu)，末稻米投寒水中，育育然也。

13.068 **干飯**(gānfàn)，飯而暴乾之也。

13.069 **糗**(qiǔ)，齲也，飯而磨之②，使齲碎也。

13.070 **餱**(hóu)，候也，候人飢者以食之也③。煮麥曰**麮**(qù)④，麮亦齲也，煮熟亦齲壞也。

13.071 **柰油**(nàiyóu)，搗柰實和以塗繒上，燥而發之，形似油

---

① 盎，王刻本作"盎，滃也"。
② 磨，王刻本作"磨散"。
③ 飢，底本作"饑"，據文意改。
④ 麮，原作"麴"，《說文》段注引、王刻本均作"麮"，"麮、齲"音近。下"麮"同。

也。柰油亦如之^①。

13.072　**桃濫**(táolàn)，水漬而藏之，其味濫濫然酢也。

13.073　**柰脯**(nàifǔ)，切柰暴乾之如脯也。

13.074　**鮑魚**(bàoyú)，鮑，腐也，埋藏奄使腐臭也^②。

13.075　**蟹胥**(xièxū)，取蟹藏之，使骨肉解之胥胥然也。

13.076　**蟹虀**(xièjī)，去其匡虀熟搗之，令如虀也。

13.077　**桃諸**(táozhū)，藏桃也。諸，儲也，藏以爲儲，待給冬月
　　　　用之也。

13.078　**瓠蓄**(hùxù)，皮瓠以爲脯，蓄積以待冬月時用之也。

---

① 據文例，不當作“柰油”，王刻本改作“杏油(xìngyóu)”。
② 奄，王刻本作“淹”。

釋綵帛第十四

14.001 **青**(qīng),生也,象物生時色也。

14.002 **赤**(chì),赫也,太陽之色也。

14.003 **黃**(huáng),晃也,猶晃晃,象日光色也。

14.004 **白**(bái),啟也,如冰啟時色也。

14.005 **黑**(hēi),晦也,如晦冥時色也。

14.006 **絳**(jiàng),工也,染之難得色,以得色爲工也。

14.007 **紫**(zǐ),疵也,非正色,五色之疵瑕以惑人者也。

14.008 **紅**(hóng),絳也,白色之似絳者也。

14.009 **緗**(xiāng),桑也,如桑葉初生之色也。

14.010 **綠**(lǜ),瀏也,荊泉之水,於上視之瀏然綠色,此似之也。

14.011 **縹**(piǎo),猶漂漂,淺青色也。有**碧縹**(bìpiǎo),有**天縹** (tiānpiǎo),有**骨縹**(gǔpiǎo),各以其色所象言之也。

14.012 **緇**(zī),滓也,泥之黑者曰滓,此色然也。

14.013　皂(zào)，早也，日未出時，早起視物皆黑，此色如之也。

14.014　布(bù)，布也，布列眾縷爲經，以緯橫成之也。又太古衣皮，女工之始始於是，施布其法，使民盡用之也。

14.015　疏(shū)者，言其經緯疏也。

14.016　絹(juàn)，縪也①，其絲絙厚而疏也。

14.017　縑(jiān)，兼也，其絲細緻，數兼於布絹也，細緻染縑爲五色，細且緻不漏水也。

14.018　練(liàn)，爛也，煮使委爛也。

14.019　素(sù)，朴素也，已織則供用，不復加巧飾也②。又物不加飾，皆自謂之素，此色然也。

14.020　綈(tí)，似蜾蟲之色，綠而澤也。

14.021　錦(jǐn)，金也，作之用功重，於其價如金，故其制字帛與金也③。

14.022　綺(qǐ)，欹也，其文欹邪不順經緯之縱橫也。有杯文，形似杯也；有長命，其綵色相間，皆橫終幅，此之謂也。言

① 縪，原譌作"綆"。下"綆"字同。
② 巧，王刻本作"加"。
③ 依例，"帛與金"前似脱"從"字。

長命者,服之使人命長,本造意之意也①。有棋文者,方文如棋也。

14.023 綾(líng),凌也,其文望之如冰凌之理也。

14.024 繡(xiù),修也,文修修然也。

14.025 羅(luó),文疏羅也②。纚(xǐ),筵也,麤可以筵物也。令辟經絲貫杼中,一間并,一間疏,疏者苓苓然,并者歷辟而密也。

14.026 紡麤絲織之曰疏(shū)。疏,寥也,寥寥然也。

14.027 縠(hú),粟也,其形足足而踧③,視之如粟也。又謂沙縠(shāhú)④,亦取踧踧如沙也。

14.028 繐(suì),齊人謂涼謂惠⑤,言服之輕細涼惠也。

14.029 紈(wán),渙也⑥,細澤有光,渙渙然也。

14.030 蒸栗(zhēnglì),染紺使黃,色如蒸栗然也。

14.031 紺(gàn),含也,青而含赤色也。

---

① 造意,王刻本作"造者"。
② 疏羅,王刻本作"羅疏"。
③ 足足而踧,王刻本作"戚戚"。下"踧踧"亦作"戚戚",讀迫促之促。
④ 又謂沙縠,王刻本作"又謂之沙"。
⑤ "齊人"前王刻本有"惠也"二字。
⑥ 渙,王刻本作"煥"。下二"渙"字同。

14.032 **緜**(mián)，猶湎湎，柔而無文也。

14.033 **綸**(lún)，倫也，作之有倫理也。

14.034 **絮**(xù)，胥也，胥久故解落也^①。

14.035 **紬**(chóu)，抽也，抽引絲端出細緒也。又謂之**絓**(guà)。絓，挂也，挂於帳端振舉之也^②。

14.036 繭曰**幕**(mù)也^③，貧者著衣可以幕絡絮也。或謂之**牽離**(qiānlí)，煮熟爛，牽引使離散，如緜然也。

---

① 故，王刻本作"能"。
② 帳，王刻本作"杖"。
③ 繭曰幕也，王刻本作"煮繭曰莫，莫，幕也"。

釋首飾第十五

15.001 　**冠**(guān)，貫也，所以貫韜髮也。

15.002 　**纓**(yīng)，頸也，自上而繫於頸也[1]。

15.003 　**笄**(jī)，係也，所以係冠使不墜也。

15.004 　祭服曰**冕**(miǎn)，冕，猶俛也；俛，平直貌也。亦言文也，
　　　　玄上纁下，前後垂珠，有文飾也。

15.005 　有**袞冕**(gǔnmiǎn)，袞，卷也，畫卷龍於衣也。

15.006 　有**鷩冕**(bìmiǎn)，鷩，雉之憋惡者，山雞是也[2]。鷩，憋也。
　　　　性急憋不可生服必自殺，故畫其形於衣，以象人執耿介
　　　　之節也。

15.007 　**毳冕**(cuìmiǎn)，毳，芮也，畫藻文於衣，象水草之毳芮，
　　　　溫暖而潔也。

15.008 　**黻冕**(fúmiǎn)，黻，紩也，畫黻紩文綵於衣也。此皆隨衣

---

① “而”後王刻本有“下”字。

② 鷩雉之憋惡者山雞是也，王刻本作“鷩雉，山雉也”。

而名之也,所垂前後珠轉減耳。

15.009　**章甫**(zhāngfǔ),殷冠名也。甫,丈夫也,服之所以表章丈夫也。

15.010　**牟追**(móuduī),牟,冒也,言其形冒髮追追然也。

15.011　**收**(shōu),夏后氏冠名也,言收歛髮也。

15.012　**委貌**(wěimào),冠形,又委貌之貌①,上小下大也。

15.013　**弁**(biàn),如兩手相合抃時也。以爵韋爲之謂之**爵弁**(juébiàn),以鹿皮爲之謂之**皮弁**(píbiàn),以韎韋爲之也②。

15.014　**纚**(xǐ),以韜髮者也。以纚爲之,因以爲名。

15.015　**總**(zǒng),束髮也,總而束之也。

15.016　**幘**(zé),蹟也,下齊員蹟然也③。**兌**(ruì),上下小大,兌兌然也。或曰**联**(liè),联折其後也。或曰幘,形似幘也。賤者所著曰**兌髮**(ruìfà),作之裁裹髮也。或曰**牛心**(niúxīn),形似之也。

15.017　**帽**(mào),冒也。**巾**(jīn),謹也。二十成人,士冠,庶人巾,當自謹修於四教也。

---

① 又委貌之貌,王刻本作"委曲之貌"。

② 也,王刻本作"謂之**韎弁**(wéibiàn)也",於文例爲優。

③ 員,王刻本作"眉"。

15.018　簪(zān)，兓也，以兓連冠於髮也。又枝(zhī)也，因形名
之也。

15.019　揥(tì)，摘也，所以摘髮也。

15.020　導(dǎo)，所以導櫟鬢髮，使入巾幘之裏也。或曰櫟鬢
(lìbìn)，以事名之也。

15.021　鏡(jìng)，景也，言有光景也。

15.022　梳(shū)，言其齒疏也。數言比(bì)，比於疏，其齒差數也。
比，言細相比也。

15.023　刷(shuā)，帥也，帥髮長短皆令上從也。亦言瑟也，刷髮
令上瑟然也。

15.024　鑷(niè)，攝也，攝取髮也。

15.025　綃頭(xiāotóu)，綃，鈔也，鈔髮使上從也。或曰陌頭
(mòtóu)，言其從後橫陌而前也。齊人謂之帣(yé)，言帣
斂髮使上從也[1]。

15.026　王后首飾曰副(fù)。副，覆也，以覆首。亦言副貳也，兼
用衆物成其飾也。

15.027　編(biān)，編髮爲之，次第髮也。

---

[1] 帣斂，王刻本作“斂”。

15.028　髲(bì)①，被也，髮少者得以被助其髮也。

15.029　髡(qián)②，剔也，剔刑人之髮爲之也。

15.030　**步搖**(bùyáo)，上有垂珠，步則搖也③。

15.031　**簂**(guó)，恢也，恢廓覆髮上也。魯人曰**頍**(kuǐ)，頍，傾也，著之傾近前也。齊人曰**幧**(mào)④，飾形貌也。

15.032　**華勝**(huāshèng)⑤，華，象草木華也。勝，言人形容正等，一人著之則勝。蔽髮前爲飾也。

15.033　**爵釵**(juéchāi)⑥，釵頭及上施爵也。

15.034　**瑱**(tiàn)，鎮也，懸當耳旁，不欲使人妄聽，自鎮重也。或曰**充耳**(chōng'ěr)，充，塞也，塞耳亦所以止聽也。故里語曰："不瘖不聾，不成姑公。"

15.035　穿耳施珠曰**璫**(dāng)。此本出於蠻夷所爲也，蠻夷婦女輕淫好走⑦，故以此琅璫錘之也。今中國人傚之耳。

------

①髲，原作"髮"。

②髡，王刻本作"髢(dì)"。"髢、剔"音近。

③該條王刻本緊接"王后首飾……成其飾也"合一。

④幧，原作"幨"，《廣韻》："幧，幗也。""幧、貌"音同。畢沅云"幨"譌，故王刻本改作"幧"。

⑤"華，象草木華也"原接續於上條"飾形貌也"後，"勝"等提行另起，今據王刻本補"華勝"二字，並將"華、勝"云云併爲一條。

⑥該條前王刻本據《太平御覽》引補"**釵**(chāi)，叉也，象叉之形因名之也"。

⑦淫，王刻本作"浮"。

15.036 　**脂**(zhī)，砥也，著面柔滑如砥石也。

15.037 　**粉**(fěn)，分也，研米使分散也。

15.038 　**胡粉**(húfěn)，胡，餬也，脂和以塗面也。

15.039 　**黛**(dài)，代也，滅眉毛去之，以此畫代其處也。

15.040 　**屑脂**(chúnzhī)，以丹作之，象屑赤也。

15.041 　**香澤**(xiāngzé)者，人髮恆枯悴，以此濡澤之也。

15.042 　**彊**(qiáng)，其性凝强，以制服亂髮也。

15.043 　以丹注面曰**勺**(dì)[1]。勺，灼也，此本天子諸侯群妾當以
　　　　次進御，其有月事者止而不御，重以口説，故注此於面，
　　　　灼然爲識，女史見之，則不書其名於第録也。

15.044 　**緽粉**(chēngfěn)[2]，緽，赤也，染粉使赤，以著頰上也。

---

① 勺，王刻本作"旳"。下"勺"字同。
② 該條王刻本緊接"胡粉"條。

釋名卷第五

劉熙字成國撰

釋衣服第十六　　　　釋宮室第十七

釋衣服第十六

16.001　凡服，上曰**衣**(yī)。衣，依也，人所依以芘寒暑也。

16.002　下曰**裳**(cháng)。裳，障也，所以自障蔽也。

16.003　**領**(lǐng)，頸也，以雍頸也。亦言捴領衣體爲端首也。

16.004　**襟**(jīn)，禁也，交於前，所以禁禦風寒也。

16.005　**袂**(mèi)，掣也；掣，開也。開張之以受臂屈伸也。

16.007　**祛**(qū)，虛也。

16.008　**袖**(xiù)，由也，手所由出入也。亦言受也，以受手也。

16.009　**衿**(jīn)，亦禁也，禁使不得解散也。

16.010　**帶**(dài)，蒂也，著於衣，如物之繫蒂也。

16.011　**系**(xì)，繫也，相連繫也。

16.012　**衽**(rèn)，襜也，在旁襜襜然也。

16.013　**裾**(jū)，倨也，倨倨然直。亦言在後常見踞也。

16.014　**玄端**(xuánduān)，其袖下正直端方，與要接也。

16.015　**素積**(sùjī)，素裳也，辟積其要中使蹴，因以名之也。

16.016　王后之上服曰**褘衣**(huīyī)，畫翬雉之文於衣也。伊洛而南，雉青質五色備曰**翬**(huī)①。**鷂翟**(yàodí)，畫鷂雉之文於衣也。江淮而南，雉素質五采皆備成章曰**鷂**(yào)。

16.017　**闕翟**(quèdí)，翦闕繒爲翟雉形，以綴衣也。

16.018　**鞠衣**(jūyī)，黃如菊花色也。

16.019　**襢衣**(tǎnyī)，襢，坦也，坦然正白無文采也。

16.020　**褖衣**(tuànyī)，褖然黑色也。

16.021　**韠**(bì)，蔽也②，所以蔽膝前也。婦人蔽膝亦如之。齊人謂之**巨巾**(jùjīn)，田家婦女出自田野③，以覆其頭，故因以爲名也。又曰**跪襜**(guìchān)，跪時襜襜然張也。

16.022　**佩**(pèi)，倍也，言其非一物，有倍貳也，有珠、有玉、有容刀、有帨巾、有觽之屬也。

16.023　**襦**(rú)，㬮也，言溫㬮也。

16.024　**袴**(kù)④，跨也，兩股各跨別也。

---

① 青，王刻本與下"素"字互異。五色備，王刻本作"五色皆備成章"。

② 韠蔽也，王刻本作"韍(fú)，韠也。韠，蔽膝也"。

③ 自，王刻本作"至"。

④ 袴，王刻本作"絝"。

16.025　褶(dié)，襲也，覆上之言也。

16.026　襌衣(dānyī)，言無裏也。

16.027　襡(shǔ)，屬也，衣裳上下相連屬也。荆州謂襌衣曰**布襡**(bùshǔ)。亦是**襜襦**(chānrú)^①，言其襜襜弘裕也。

16.028　褠(gōu)，襌衣之無胡者也，言袖夾直，形如溝也。

16.029　中衣(zhōngyī)，言在小衣之外、大衣之中也。

16.030　裲襠(liǎngdāng)^②，其一當胷、其一當背也。

16.031　帕腹(pàfù)，橫帕其腹也。

16.032　抱腹(bàofù)，上下有帶、抱裹其腹上、無襠者也。

16.033　心衣(xīnyī)^③，抱腹而施鉤肩，鉤肩之間施一襠，以奄心也。

16.034　衫(shān)，芟也，衫末無袖端也。

16.035　有裏曰複(fù)。

16.036　無裏曰單(dān)^④。

16.037　反閉(fǎnbì)，襦之小者也，却向著之，領反於背後閉其

---

① 是，王刻本改作“曰”，是。
② 裲，原作“襧”。
③ 該條王刻本字頭作“膺(yīng)”，餘爲釋文。
④ 單，王刻本作“襌”。

襟也^①。

16.038　婦人上服曰袿(guī)，其下垂者，上廣下狹，如刀圭也。

16.039　襈(zhuàn)，撰也^②，青絳爲之緣也。

16.040　裙(qún)，下群也，連接裾幅也^③。

16.041　緝(qī)，下橫縫緝其下也^④。

16.042　緣裙(yuánqún)，裙施緣也。

16.043　緣襦(yuánshǔ)，襦施緣也。

16.044　帔(pèi)，披也，披之肩背，不及下也。

16.045　直領(zhílǐng)，邪直而交下，亦如丈夫服袍方也。

16.046　交領(jiāolǐng)，就形名之也。

16.047　曲領(qūlǐng)，在內以中襟領上橫壅頸^⑤，其狀曲也。

16.048　單襦(dānrú)，如襦而無絮也。

16.049　要襦(yāorú)，形如襦，其要上翹，下齊要也。

16.050　半袖(bànxiù)，其袂半襦而施袖也。

---

① 領，王刻本作“領含於項”。
② 撰，王刻本作“緣”。
③ 該條王刻本作“裙，下裳也。裙，群也，聯接群幅也”。
④ 該條王刻本承上條爲一。
⑤ 以中襟，王刻本作“所以禁中衣領”。

16.051 　**留幕**(liúmù)，冀州所名大褶下至膝者也。留，牢也；幕，絡也，言牢絡在衣表也。

16.052 　**袍**(páo)，丈夫著下至跗者也。袍，苞也，苞内衣也。婦人以絳作衣裳，上下連，四起施緣，亦曰袍，義亦然也。齊人謂如衫而小袖曰**侯頭**(hóutóu)，侯頭猶言解瀆，臂直通之言也。

16.053 　**被**(bèi)，被也，被覆人也[1]。

16.054 　**衾**(qīn)，广也。其下廣大，如广受人也。

16.055 　**汗衣**(hànyī)，近身受汗垢之衣也。《詩》謂之**澤**(zé)，受汗澤也。或曰**鄙袒**(bǐzhàn)，或曰**羞袒**(xiūzhàn)。作之用六尺裁，足覆胷背，言羞鄙於袒而衣此耳。**褌**(kūn)，貫也，貫兩脚，上繫要中也。

16.056 　**偪**(bī)[2]，所以自逼束。今謂之**行縢**(xíngténg)，言以裹脚，可以跳騰輕便也。

16.057 　**襪**(wà)，末也，在脚末也。

16.058 　**履**(lǚ)，禮也，飾足所以爲禮也。

16.059 　複其下曰**舄**(xì)。舄，腊也。行禮久立，地或泥濕，故複

---

[1] "被覆人也" 前王刻本有 "所以" 二字。

[2] 偪，王刻本作 "幅"。

其末下使乾腊也。

16.060　履(jù)①,拘也,所以拘足也。

16.061　齊人謂韋履曰扉(fèi)②。扉,皮也,以皮作之。**不借**
(bújiè)③,言賤易有,宜各自蓄之,不假借人也。

16.062　齊人云**搏腊**(bóxī)。搏腊,猶把鮓,麤貌也。荊州人曰
麤(cū),麻韋草皆同名也④。麤,措也,言所以安措足也。

16.063　屩(juē)⑤,蹻也,出行著之,蹻蹻輕便,因以爲名也。

16.064　屐(jī),搘也,爲兩足搘以踐泥也⑥。

16.065　鞾(xuē),跨也,兩足各以一跨騎也⑦。

16.066　鞖鞸(suǒduó),鞾之缺前臃者。胡中所名也。鞖鞸,猶
速獨,足直前之言也。

16.067　鞋(xié),解也。著時縮其上如履然,解其上則舒解也。

16.068　帛屐(bójī),以帛作之如屩者。不曰帛屩者,屩不可踐

---

① "履" 前王刻本有 "亦曰屨" 以承 "履……禮也" 條。
② 韋,王刻本作 "草"。
③ "不借" 前畢沅以意增 "或曰" 二字。
④ "麻" 前王刻本有 "絲" 字。
⑤ "屩" 前王刻本有 "屩,草履也" 四字。
⑥ 兩、搘,王刻本作 "雨、楮"。
⑦ 後王刻本尚有 "本胡服,趙武靈王服之" 九字。

泥也。也踐泥者也①,此亦可以步泥而浣之,故謂之
屐也。

16.069　**晚下**(wǎnxià),如舄,其下晚晚而危,婦人短者著之可以
拜也。

16.070　**靸韋**(sǎwéi),履深頭者之名也。靸,襲也,以其深襲覆
足也。

16.071　**仰角**(yǎngjiǎo),屐上施履之名也,行不得蹶,當仰履角
舉足乃行也。

---

① 該句王刻本作"屐可以踐泥也"。

釋宮室第十七

17. 001　**宮**(gōng)，穹也，屋見於垣上穹隆然也。

17. 002　**室**(shì)，實也，人物實滿其中也。

17. 003　室中西南隅曰**奧**(ào)，不見户明，所在秘奧也。

17. 004　西北隅曰**屋漏**(wūlòu)。禮，每有親死者，輒撤屋之西北
　　　　隅，薪以爨竈煮沐，供諸喪用，時若值雨，則漏，遂以名
　　　　之也。必取是隅者，禮既祭，改設饌于西北隅，令撤毁
　　　　之，示不復用也。

17. 005　東南隅曰**窔**(yào)[①]。窔，幽也，亦取幽冥也。

17. 006　東北隅曰**宧**(yí)。宧，養也，東北陽氣始出，布養物也。

17. 007　中央曰**中霤**(zhōngliù)。古者寢穴後室之霤[②]，當今之棟
　　　　下直室之中，古者霤下之處也。

17. 008　**宅**(zhái)，擇也，擇吉處而營之也。

――――――――――

① 該條與"屋漏"條原接排，中間無空格。
② 寢，王刻本作"寢"。

17.009　舍(shè),於中舍息也。

17.010　宇(yǔ),羽也,如鳥羽翼自覆蔽也。

17.011　屋(wū),亦奧也,其中溫奧也。

17.012　廟(miào)①,貌也,先祖形貌所在也。

17.013　寢(qǐn),寢也,所寢息也。

17.014　城(chéng),盛也,盛受國都也。

17.015　郭(guō),廓也,廓落在城外也。

17.016　城上垣曰睥睨(pìnì),言於其孔中睥睨非常也。亦曰陴(pí)。陴,裨也,言裨助城之高也。亦曰女墙(nǚqiáng),言其卑小,比之於城,若女子之於丈夫也。

17.017　寺(sì),嗣也,治事者嗣續於其內也。

17.018　廷(tíng),停也,人所集之處也②。

17.019　獄(yù),确也,實确人之情僞也③。又謂之牢(láo),言所在堅牢也。又謂之圜土(yuántǔ),築其表墙④,其形圜也。又謂之囹圄(língyǔ)。囹,領也;圄,御也,領錄囚徒禁御

①"廟"前王刻本有"宗廟(zōngmiào),宗,尊也"五字。
②集,王刻本作"停集"。
③該句王刻本作"言實确人情僞也"。
④該句王刻本作"言築土表墙"。

之也。

17.020 **亭**(tíng)，停也，亦人所停集也。

17.021 **傳**(zhuàn)，傳也，人所止息而去，後人復來，轉相傳[1]，無常主也。

17.022 **瓦**(wǎ)，踝也；踝，确堅貌也。亦言腂也，在外腂見也。

17.023 **梁**(liáng)，彊梁也。

17.024 **柱**(zhù)，住也。

17.025 **檼**(yìn)，隱也，所以隱桷也。或謂之**望**(wàng)，言高可望也。或謂之**棟**(dòng)。棟，中也，居屋之中也。

17.026 **桷**(jué)，确也，其形細而疏确也。或謂之**椽**(chuán)。椽，傳也，相傳次而布列也。或謂之**榱**(cuī)，在檼旁下列，衰衰然垂也。

17.027 **梠**(lǚ)，旅也，連旅旅也。或謂之**檧**(màn)。檧，縣也，縣連榱頭，使齊平也。上入曰**爵頭**(juétóu)，形似爵頭也。

17.028 **楣**(méi)，眉也，近前[2]，若面之有眉也。

17.029 **棳儒**(zhuōrú)也，梁上短柱也。棳儒猶侏儒，短，故以名

---

① 轉，王刻本作“轉轉”。
② 近前，王刻本據《廣韻》引增作“近前各兩”。

之也。

17.030 **梧**(wǔ)①,在梁上,兩頭相觸梧也。

17.031 **欒**(luán),攣也,其體上曲,攣拳然也。

17.032 **盧**(lú),在柱端,都盧②,負屋之重也。

17.033 **斗**(dǒu),在欒兩頭,如斗也,斗負上員檼也。

17.034 **笮**(zé),迮也,編竹相連迫迮也。

17.035 屋脊曰**甍**(méng)。甍,蒙也,在上覆蒙屋也。

17.036 **壁**(bì),辟也,辟禦風寒也③。

17.037 **墻**(qiáng),障也,所以自障蔽也。

17.038 **垣**(yuán),援也,人所依阻,以爲援衞也。

17.039 **墉**(yōng),容也,所以蔽隱形容也。

17.040 **籬**(lí),離也,以柴竹作之,疏離離也④。青、徐曰**椐**(jū)。
椐,居也,居於中也。

17.041 **柵**(zhà),蹟也,以木作之,上平蹟然也。又謂之**撤**(chè)。
撤,緊也,誱誱然緊也。

---

① 畢沅認爲當作"梧(wú),牾也"。
② 字頭,王刻本作"櫨"。都盧,王刻本作"如都盧"。
③ "辟"前王刻本有"所以"二字。
④ "也"前王刻本有"然"字。

17.042 殿(diàn)，有殿鄂也。陛(bì)，卑也，有高卑也。天子殿謂之納陛(nàbì)，言所以納人言之階陛也。

17.043 階(jiē)，梯也，如梯之有等差也。

17.044 陳(chén)，堂塗也，言賓主相迎陳列之處也。

17.045 屏(píng)，自障屏也。

17.046 蕭牆(xiāoqiáng)，在門内，蕭，肅也[1]，將入於此，自肅敬之處也。

17.047 宁(zhù)，佇也，將見君，所佇立定氣之處也。

17.048 序(xù)，次序也。

17.049 夾室(jiāshì)，在堂兩頭，故曰夾也。

17.050 堂(táng)，猶堂堂，高顯貌也。

17.051 房(fáng)，旁也，在堂兩旁也[2]。

17.052 楹(yíng)，亭也，亭亭然孤立，旁無所依也。齊、魯讀曰輕。輕，勝也，孤立獨處，能勝任上重也。

17.053 簷(yán)，檐也，接檐屋前後也。

17.054 霤(liù)，流也，水從屋上流下也。

---

[1] 蕭，王刻本作“肅”。
[2] 在堂兩旁也，王刻本作“室之兩旁也”。

17.055　闕(què)，在門兩旁[1]，中央闕然爲道也。

17.056　罘罳(fúsī)，在門外。罘，復也；罳，思也，臣將入請事，於此復重思之也。

17.057　觀(guàn)，觀也，於上觀望也。

17.058　樓(lóu)，謂牖户之間有射孔，樓樓然也[2]。

17.059　臺(tái)，持也，築土堅高，能自勝持也。

17.060　櫓(lǔ)，露也，露上無屋覆也。

17.061　門(mén)，捫也，在外爲人所捫摸也。

17.062　障(zhàng)，衛也。

17.063　户(hù)，護也，所以謹護閉塞也。

17.064　窻(chuāng)，聰也，於内窺外爲聰明也。

17.065　屋以草蓋曰茨(cí)。茨，次也，次比草爲之也。

17.066　寄上曰廬(lú)。廬，慮也，取自覆慮也。

17.067　草圓屋曰蒲(pú)。蒲，敷也，總其上而敷下也。又謂之庵(ān)。庵，奄也，所以自覆奄也。

17.068　大屋曰廡(wǔ)。廡，憮也；憮，覆也。并、冀人謂之庌(yǎ)。

---

① 在門兩旁，王刻本據《藝文類聚》引增作 "闕也，在門兩旁"。

② 謂牖户之間有射孔，王刻本作 "言牖户諸射孔"。樓，王刻本作 "婁"。

庌,正也,屋之正大者也。

17.069　井(jǐng),清也,泉之清潔者也。井一有水一無水曰瀱
汋(jìzhuó)。瀱,竭也;汋,有水聲汋汋也。

17.070　竈(zào),造也,造創食物也。爨(cuàn),銓也,銓度甘辛
調和之處也。

17.071　倉(cāng),藏也,藏穀物也。

17.072　庫(kù),舍也,物所在之舍也。故齊、魯謂庫曰舍也。

17.073　廄(jiù),勼也,勼聚也,牛馬之所聚也。

17.074　廩(lǐn),矜也,寶物可矜惜者,投之其中也。

17.075　囷(qūn),綣也,藏物繾綣束縛之也。

17.076　庾(yǔ),裕也,言盈裕也,露積之言也。盈裕不可稱
受①,所以露積之也。

17.077　囤(dùn),屯也,屯聚之也。

17.078　圌(chuán),以草作之,團團然也。

17.079　廁(cè),言人雜在上②,非一也。或曰溷(hùn),言溷濁也。
或曰圊(qīng),至穢之處,宜常修治,使潔清也。或曰軒

---

① 稱,王刻本作"勝"。
② "言"前王刻本據《廣韻》引增"雜也"二字。

(xuān),前有伏,似殿軒也。

17.080　泥(ní),邇也;邇,近也。以水沃土,使相黏近也。

17.081　塗(tú),杜也,杜塞孔穴也。

17.082　堊(è),亞也,次也。先泥之,次以白灰飾之也。

17.083　墍(jì),猶煟煟,細澤貌也。

釋名卷第六

劉熙字成國撰

釋牀帳第十八

18.001　人所坐臥曰**牀**(chuáng)。牀，裝也，所以自裝載也。長
　　　　狹而卑曰**榻**(tà)，言其鵪榻然近地也①。

18.002　小者曰**獨坐**(dúzuò)，主人無二，獨所坐也。

18.003　**枰**(píng)，平也，以板作，其體平正也。

18.004　**几**(jī)，庪也②，所以庪物也。

18.005　**筵**(yán)，衍也，舒而平之，衍衍然也。

18.006　**席**(xí)，釋也，可卷可釋也。

18.007　**簟**(diàn)，簟也③，布之簟簟然平正也。

18.008　**薦**(jiàn)，所以自薦藉也。

18.009　**蒲**(pú)，草也④，以蒲作之，其體平也。

---

① 王刻本無"鵪"字。
② 庪，原作"庋"，字書無。下"庪"同。畢沅云"今本作'庋'，乃形近而譌"。
　　故王刻本作"庋"。庪，過委切，見母紙韻；几，居履切，見母旨韻。
③ 簟，王刻本作"覃"。下二"簟"字同。
④ 草也，王刻本作"平"。

18.010 氈(zhān)，旃也，毛相著旃旃然也。

18.011 褥(rù)，辱也，人所坐褻辱也。

18.012 裘溲(qiúsōu)，猶屢數，毛相離之言也。

18.013 榻登(tàdēng)，施大牀之前小榻之上，所以登牀也。

18.014 貂席(diāoxí)，連貂皮以爲席也。

18.015 枕(zhěn)，檢也，所以檢項也。

18.016 帷(wéi)，圍也，所以自障圍也。

18.017 幕(mù)，幕絡也，在表之稱也。

18.018 小幕曰帟(yì)，張在人上，帟帟然也。

18.019 幔(màn)，漫也，漫漫相連綴之言也。

18.020 帳(zhàng)，張也，張施於牀上也。小帳曰斗(dǒu)[1]，形如覆斗也。

18.021 㡌(lián)，廉也，自障蔽爲廉恥也。

18.022 幢容(zhuàngróng)也[2]，施之車蓋，童童然以隱蔽形容也。

18.023 户㡌(hùlián)，施於户外也。

18.024 牀前帷曰帖(tiē)，言帖帖而垂也。

---

① 斗，王刻本作"斗帳"。
② 幢，原作"憧"。幢容也，王刻本作"幢容，幢，童也"。

18.025 **幄**(wò)，屋也，以帛衣板施之，形如屋也。

18.026 **承塵**(chéngchén)，施於上承塵土也。**搏辟**(bóbì)^①，以席搏著壁也。

18.027 **扆**(yǐ)，倚也，在後所依倚也。

18.028 **屏風**(píngfēng)，言可以屏障風也。

———

① 搏辟，王刻本作"搏壁"。

釋書契第十九

19.001 筆(bǐ),述也,述事而書之也。

19.002 硯(yàn),研也,研墨使和濡也。

19.003 墨(mò),痗也①,似物痗墨也。

19.004 紙(zhǐ),砥也,謂平滑如砥石也。

19.005 板(bǎn),般也②,般般平廣也。

19.006 奏(zòu),鄒也。鄒,狹小之言也。

19.007 札(zhá),櫛也,編之如櫛齒相比也。

19.008 簡(jiǎn),間也,編之篇篇有間也。

19.009 簿(bù),言可以簿疏密也③。

19.010 笏(hù),忽也,君有教命,及所啟白,則書其上,備忽
忘也。

---

① 痗,王刻本作"晦"。下"痗"字同。

② 般,王刻本作"販"。下二"般"字同。

③ 該條王刻本作"或曰簿,言可以簿疏物也",承"笏"條合一。

19.011　槧(qiàn)，板之長三尺者也。槧，漸也，言其漸漸然長也。

19.012　牘(dú)，睦也，手執之以進見，所以爲恭睦也。

19.013　籍(jí)，籍也，所以籍疏人名戶口也。

19.014　檄(xí)，激也，下官所以激迎其上之書文也。

19.015　檢(jiǎn)，禁也，禁閉諸物，使不得開露也。

19.016　璽(xǐ)，徙也，封物使可轉徙而不可發也。

19.017　印(yìn)，信也，所以封物爲信驗也。亦言因也，封物相因付也。

19.018　謁(yè)，詣也；詣，告也。書其姓名於上，以告所至詣者也。

19.019　符(fú)，付也，書所勅命於上，付使傳行之也。

19.020　節(jié)，赴也，執以赴君命也①。

19.021　傳(zhuàn)，轉也，轉移所在，執以爲信也②。

19.022　券(quàn)，綣也，相約束綣綣以爲限也。

19.023　莂(bié)，別也，大書中央，中破別之也。

---

① 該條王刻本作“亦言赴也，執以赴君命也”而承“符”條下合一。
② 該條後王刻本尚有“亦曰過所(guòsuǒ)”，並將下文“示示也”後“過所至關津以示之也”移此。

19.024　契(qì)，刻也，刻識其數也。

19.025　策(cè)，書教令於上，所以驅策諸下也。

19.026　漢制：約勑封侯曰册(cè)。册，贖也，勑使整贖不犯之也。

19.027　示(shì)，示也，過所至關津以示之也①。

19.028　詣(yì)，啟也，以君語官司所至詣也②。

19.029　書(shū)，庶也，紀庶物也。亦言著之簡紙，永不滅也③。

19.030　畫(huà)，挂也，以五色挂物上也④。

19.031　書稱刺書(cìshū)，以筆刺紙簡之上也。又曰寫(xiě)，倒寫此文也⑤。書姓字於奏上曰書刺(shūcì)⑥，作再拜起居，字皆達其體，使書盡邊，徐引筆書之，如畫者也。下官刺曰長刺(chángcì)，長書中央一行而下之也⑦。又曰爵里刺(juélǐcì)，書其官爵及郡縣鄉里也。

19.032　書稱題(tí)。題，諦也，審諦其名號也。亦言第，因其第

---

① 王刻本移“過所至關津以示之也”至“傳”條後。

② 詣啟也，畢沅認爲誤倒，故王刻本改作“啟(qǐ)，詣也”。君，王刻本作“啟”，疑當作“榮”。

③ “亦言”後王刻本有“著也”二字。

④ 該條王刻本作“畫，繪也，以五色繪物象也”。

⑤ 寫倒寫，王刻本作“到寫(dàoxiě)，寫”。

⑥ 書，畢沅據《御覽》引改作“畫”；“書刺”改作“畫刺(huàcì)”。

⑦ 王刻本無“之”字。

次也。

19.033 書文書檢曰署(shǔ)。署,予也,題所予者官號也。

19.034 上勑下曰告(gào)。告,覺也,使覺悟知己意也。

19.035 下言上曰表(biǎo)①,思之於内,表施於外也。又曰上(shàng),示之於上也。又曰言(yán),言其意也。

19.036 約(yuē),約束之也。勑(chì),飾也②,使自警飾,不敢廢慢也。

19.037 謂(wèi),猶謂也,猶得勑不自安,謂謂然也③。

① 上,王刻本作"於上"。
② 飾,王刻本作"飭"是。下"飾"字同。
③ "猶謂、謂謂然"之"謂",畢沅疑或當作"愄"。

釋典藝第二十

20.001　**三墳**(sānfén)，墳，分也。論三才之分天地人之治①，其體有三也。

20.002　**五典**(wǔdiǎn)，典，鎮也。制法所以鎮定上下②，其等有五也③。

20.003　**八索**(bāsuǒ)，索，素也。著素王之法，若孔子者，聖而不王，制此法者有八也。

20.004　**九丘**(jiǔqiū)，丘，區也。區別九州土氣，教化所宜施者也。此皆三王以前上古羲皇時書也。今皆亡，惟《堯典》存也。

20.005　**經**(jīng)，俓也④，如俓路無所不通，可常用也。

20.006　**緯**(wěi)，圍也，反覆圍繞以成經也。

---

① 之，王刻本無。治，王刻本作"始"。
② 法，王刻本作"教法"。
③ 其，王刻本作"差"。
④ "俓也"後王刻本有"常典也"三字。

20.007　圖(tú)，度也，盡其品度也①。

20.008　讖(chèn)，纖也，其義纖微也②。

20.009　《易》(yì)，易也，言變易也。

20.010　《禮》(lǐ)，體也，得其事體也。

20.011　《儀》(yí)，宜也，得事宜也。

20.012　傳(zhuàn)，傳也，以傳示後人也。

20.013　《記》(jì)，紀也，紀識之也。

20.014　《詩》(shī)，之也，志之所之也。興物而作謂之興(xīng)，敷布其義謂之賦(fù)，事類相似謂之比(bǐ)，言王政事謂之雅(yǎ)，稱頌成功謂之頌(sòng)，隨作者之志而別名之也。

20.015　《尚書》(shàngshū)，尚，上也。以堯爲上，始而書其時事也。

20.016　《春秋》(chūnqiū)，春、秋、冬、夏終而成歲③，春秋書人事，卒歲而究備，春秋溫涼中象政和也，故舉以爲名也。

20.017　《國語》(guóyǔ)，記諸國君臣相與言語謀議之得失也。

---

① 盡，王刻本作“畫”。

② 其義纖微，王刻本作“其義纖微而有效驗”。

③ 該句王刻本作“言春、秋、冬、夏終而成歲，舉春秋，則冬夏可知也”。

又曰《外傳》(wàizhuàn),《春秋》以魯爲内,以諸國爲外,外國所傳之事也。

20.018 《爾雅》(ěryǎ),爾,昵也;昵,近也;雅,義也;義,正也。五方之言不同,皆以近正爲主也。

20.019 《論語》(lúnyǔ),紀孔子與諸弟子所語之言也。

20.020 法(fǎ),逼也,莫不欲從其志,逼正,使有所限也。

20.021 律(lǜ),累也,累人心,使不得放肆也。

20.022 令(lìng),領也,理領之,使不得相犯也。

20.023 科(kē),課也,課其不如法者,罪責之也。

20.024 詔書(zhàoshū),詔,昭也。人暗不見事宜,則有所犯,以此示之,使昭然知所由也。

20.025 論(lùn),倫也,有倫理也。

20.026 稱人之美曰讚(zàn)。讚,纂也,纂集其美而叙之也。

20.027 叙(xù),杼也,杼泄其實,宣見之也。

20.028 銘(míng),名也,述其功美,使可稱名也。

20.029 誄(lěi),累也,累列其事而稱之也。

20.030 謚(shì),曳也。物在後爲曳,言名之於人亦然也。

20.031 譜(pǔ),布也,布列見其事也。

20.032　**統**(tǒng)，緒也，主緒人世類相繼如統緒也①。

20.033　**碑**(bēi)，被也。此本王莽時所設也②。施其轆轤，以繩被其上，以引棺也③。臣子追述君父之功美，以書其上。後人因焉，無故建於道陌之頭，顯見之處，名其文就，謂之碑也。

20.034　**詞**(cí)，嗣也，令撰善言相續嗣也。

---

① 該條王刻本以 "亦曰**緒**(xù)也，主緒人世類相繼如統緒也" 承上條合一。

② 王莽，王刻本作 "葬"。

③ 施其轆轤以繩被其上以引棺也，王刻本作 "於鹿盧，以繩被其上，引以下棺也"。

釋名卷第七

劉熙字成國撰

釋用器第二十一

21.001 斧(fǔ)，甫也；甫，始也。凡將制器，始用斧伐木^①，已乃
　　　　制之也。

21.002 鎌(lián)，廉也，體廉薄也，其所刈稍稍取之，又似廉
　　　　者也。

21.003 斨(qiāng)，戕也，所伐皆戕毀也。

21.004 仇矛(chóumáo)，讎也^②，所伐則平，如討仇讎也。

21.005 錐(zhuī)，利也。

21.006 椎(chuí)，推也。耒(lěi)，亦椎也^③。

21.007 鑿(záo)，有所穿鑿也。

21.008 鐫(juān)，鐏也，有所鐏入也。

21.009 耜(sì)，似也^④，似齒之斷物也。

────────────

① 伐，原作"代"。
② "讎也"前王刻本有"仇"字。
③ 該條王刻本作"耒，來也，亦推也"，於"鐫"條後另行別起。
④ 似，王刻本作"齒"。

21.010 犁(lí),利也,利則發土絶草根也[1]。

21.011 檀(tán),坦也[2],摩之使坦然平也。

21.012 鋤(chú),助也,去穢助苗長也。齊人謂其柄曰橿(jiāng),橿然正直也。頭曰鶴(hè),似鶴頭也。

21.013 枷(jiā),加也,加杖於柄頭,以撾穗,而出其穀也。或曰羅枷(luójiā),三杖而用之也。或曰丫(yā),丫杖轉於頭[3],故以名之也。

21.014 鍤(chā),插也,插地起土也。或曰銷(xiāo)。銷,削也,能有所穿削也。或曰鏵(huá)。鏵,刳也,刳地爲坎也。其板曰葉(yè),象木葉也。

21.015 杷(bà),播也,所以播除物也。

21.016 拂(fú),撥也,撥使聚也。

21.017 耨(nòu),以鋤嫗耨禾也[4]。

21.018 鎛(bó),亦鋤類也[5]。鎛,迫也[6]。

---

① 王刻本無“則”字。

② 坦,原譌作“垣”。下“坦”字同。

③ 丫,王刻本作“以”。

④ 以鋤嫗耨,王刻本作“似鋤嫗薅”。

⑤ 類,王刻本作“田器”。

⑥ “迫也”後王刻本尚有“迫地去草也”五字。

21.019 鏤(gōu)，溝也，既割去壟上草，又辟其土，以雍苗根，使壟下爲溝，受水潦也。

21.020 鉏(dì)，殺也，言殺草也。

21.021 銍(zhì)，穫黍鐵也。銍銍，斷黍穗聲也①。

21.022 釿(yín)②，謹也，板廣不可得制削③，又有節，則用此釿之，所以詳謹，令平滅斧跡也。

21.023 鐁(sī)，鐁彌也。釿有高下之跡④，以此鐁彌其上而平之也。

21.024 鋸(jù)，倨也，其體直，所截應倨句之平也。

21.025 钃(zhú)⑤，誅也，主以誅除物根株也⑥。

---

① 黍，王刻本作"禾"。
② 釿，王刻本作"斤(jīn)"。下"釿"字同。
③ 制削，王刻本作"削"。
④ 釿，王刻本作"斤"。
⑤ 钃，王刻本作"斸"。
⑥ 除物，王刻本作"鉏"。

釋樂器第二十二

22.001　鍾(zhōng)，空也，內空受氣多，故聲大也。

22.002　磬(qìng)，罄也，其聲罄罄然堅緻也。

22.003　鼓(gǔ)，郭也，張皮以冒之，其中空也。

22.004　鞉(táo)，導也，所以導樂作也。

22.005　鼙(pí)，裨也，裨助鼓節也。

22.006　鼙在前曰朔(shuò)。朔，始也。在後曰應(yìng)。應，大
　　　　鼓也。

22.007　所以懸鼓者[1]，橫曰簨(sǔn)。簨，峻也，在上高峻也。
　　　　從曰虡(jù)。虡，舉也，在旁舉簨也。簨上之板曰業(yè)，
　　　　刻爲牙，捷業如鋸齒也。

22.008　瑟(sè)，施弦張之，瑟瑟然也。

22.009　箏(zhēng)，施弦高急，箏箏然也。

---

① 鼓，王刻本作"鍾鼓"。

22.010　筑(zhù),以竹鼓之,筑柲之也①。

22.011　箜篌(kōnghóu),此師延所作,靡靡之樂也。後出於桑間濮上之地,蓋空國之侯所存也。師涓爲晉平公鼓焉,鄭、衛分其地而有之,遂號鄭、衛之音,謂之淫樂也。

22.012　枇杷(pípɑ),本出於胡中,馬上所鼓也。推手前曰枇,引手却曰杷,象其鼓時,因以爲名也。

22.013　塤(xūn),喧也,聲濁喧喧然也。

22.014　篪(chí),啼也,聲從孔出,如嬰兒啼聲也。

22.015　簫(xiāo),肅也,其聲肅肅而清也②。

22.016　笙(shēng),生也,象物貫地而生也。

22.017　竹之貫匏(páo),以瓠爲之,故曰匏也。竽(yú),亦是也,其中汙空以受簧也。

22.018　簧(huáng),横也,於管頭横施於中也。以竹鐵作,於口横鼓之亦是也。

22.019　搏拊(bófǔ)也③,以韋盛糠,形如鼓,以手附拍之也。

22.020　柷(zhù),狀如伏虎,如見柷柷然也。故訓爲始以作樂也。

---

① 筑,王刻本作"玌"。

② 而,王刻本作"然"。

③ 畢沅認爲"也"字衍。

22.021　敔(yǔ),衙也;衙,止也,所以止樂也①。

22.022　舂牘(chōngdú)②,舂,撞也;牘,築也,以舂築地爲節也。

22.023　籥(yuè),躍也,氣躍出也。

22.024　篴(dí),滌也,其聲滌滌然也。

22.025　鐃(náo),聲鐃鐃也。

22.026　人聲曰歌(gē)。歌,柯也,所歌之言是其質也。以聲吟
　　　　詠有上下,如草木之有柯葉也,故兗、冀言歌聲如柯也。

22.027　竹曰吹(chuī)。吹,推也,以氣推發其聲也。

22.028　吟(yín),嚴也,其聲本出於憂愁,故其聲嚴肅,使人聽之
　　　　悽嘆也。

釋兵第二十三

23.001　**弓**(gōng)，穹也，張之穹隆然也。其末曰**簫**(xiāo)，言簫梢也。又謂之**弭**(mǐ)，以骨爲之，滑弭弭也。中央曰**弣**(fǔ)。弣，撫也，人所持撫也。簫弣之間曰**淵**(yuān)。淵，宛也，言曲宛也[①]。

23.002　**弩**(nǔ)，怒也，有勢怒也。其柄曰**臂**(bì)，似人臂也。鉤絃者曰**牙**(yá)，似齒牙也。牙外曰**郭**(guō)，爲牙之規郭也。下曰**懸刀**(xuándāo)[②]，其形然也。合名之曰**機**(jī)，言如機之巧也。亦言如門户之樞機，開闔有節也。

23.003　**矢**(shǐ)，指也，言其有所指向迅疾也。又謂之**箭**(jiàn)，前進也[③]。其本曰**足**(zú)，矢形似木，木以下爲本，本以根爲足也[④]。又謂之**鏑**(dí)。鏑，敵也，可以禦敵也。齊人謂之**鏃**(zú)。鏃，族也，言其所中皆族滅也。關西曰

---

① 曲宛，王刻本作"宛曲"。
② 懸刀，王刻本作"**縣刀**"。
③ 前，畢沅認爲誤，改作"箭"。
④ 王刻本無"本"字。

釭(gāng)。釭,鉸也,言有交刃也。其體曰幹(gàn),言梃幹也。其旁曰羽(yǔ),如鳥羽也,鳥須羽而飛,矢須羽而前也。齊人曰衛(wèi),所以導衛矢也。其末曰栝(kuò)。栝,會也,與弦會也。栝旁曰叉(chā),形似叉也。其受之器①,以皮曰箙(fú),謂柔服用之也②。織竹曰笮(zé),相迫笮之名也。步叉(bùchā),人所帶,以箭叉其中也。馬上曰鞬(jiān)。鞬,建也,弓矢並建立其中也。

23.003　刀(dāo),到也,以斬伐到其所,刀擊之也③。其末曰鋒(fēng),言若鋒刺之毒利也④。其本曰環(huán),形似環也。其室曰削(qiào)。削,峭也,其形峭殺裹刀體也。室口之飾曰琫(běng)。琫,捧也,捧束口也。下末之飾曰琕(bǐng)。琕,卑也,在下之言也。短刀曰拍髀(pāibì),帶時拍髀旁也。又曰露拍(lùpāi),言露見也。

23.004　佩刀(pèidāo),在佩旁之刀也。或曰容刀(róng dāo),有刀形而無刃,備儀容而已。

23.005　剪刀(jiǎndāo),剪,進也,所剪稍進前也。

---

①受,王刻本作"受矢"。
②謂柔服用之也,王刻本作"柔服之義也"。
③畢沅云"刀"爲"乃"之譌。
④鋒,畢沅認爲當作"鑾"。

23.006 **書刀**(shūdāo)，給書簡札有所刊削之刀也。

23.007 **封刀**(fēngdāo)、**鉸刀**(jiǎodāo)、**削刀**(xuēdāo)，皆隨時名之也①。

23.008 **戟**(jǐ)，格也，旁有枝格也。

23.009 **戈**(gē)，句矛戟也②。戈，過也，所刺擣則決過，所鉤引則制之弗得過也。

23.010 車戟曰**常**(cháng)，長丈六尺，車上所持也。八尺曰尋，倍尋曰常，故稱常也。

23.011 **手戟**(shǒujǐ)，手所持摘之戟也③。

23.012 **矛**(máo)，冒也，刃下冒矜也。下頭曰**鐏**(zūn)，鐏入地也。**松櫝**(sōngdú)，長三尺，其矜宜輕，以松作之也。**櫝**(dú)，速櫝也，前刺之言也。

23.013 矛長丈八尺曰**稍**(shuò)，馬上所持，言其稍稍便殺也。又曰**激矛**(jīmáo)。激，截也，可以激截敵陣之矛也。

23.014 **仇矛**(chóumáo)，頭有三叉，言可以討仇敵之矛也。

23.015 **夷矛**(yímáo)，夷，常也。其矜長丈六尺，不言常而曰夷

---

① 名之，王刻本作"用作名"。
② 矛，王刻本作"子"。
③ 摘，王刻本作"擿"是。

者,言其可夷滅敵,亦車上所持也。

23.016 矟徐本作矞矛(xùmáo)①,長九尺者也。矟,霍也,所中霍
然即破裂也。

23.017 殳矛(shūmáo),殳,殊也。長丈二尺而無刃,有所撞挃
於車上,使殊離也。

23.018 盾(dùn),遯也,跪其後,避以隱遯也②。大而平者曰吳
魁(wúkuí),本出於吳,爲魁帥者所持也。隆者曰須盾
(xūdùn)③,本出於蜀,須所持也。或曰羌盾(qiāngdùn),言
出於羌也。約脅而鄒者曰陷虜(xiànlǔ),言可以陷破虜
敵也。今謂之曰露見(lùxiàn),是也。狹而長者曰步盾
(bùdùn),步兵所持,與刀相配者也。狹而短者曰孑盾
(jiédùn),車上所持者也。孑,小稱也。以縫編板謂之木
絡(mùluò),以犀皮作之曰犀盾(xīdùn),以木作之曰木
盾(mùdùn),皆因所用爲名也。

23.019 彭排(pángpái),彭,旁也,在旁排敵禦攻也。

23.020 鎧(kǎi),猶塏也。塏,堅重之言也。或謂之甲(jiǎ),似物

---

① 矟,原作"矞",不成字,徑改。
② 避,王刻本作"避刃"。
③ 須盾,畢沅認爲應據《御覽》引改作"滇盾(diāndùn)"。下"須所持也"改作
"蜀、滇所持也",言"謂蜀、滇人所用"。

孚甲以自禦也^①。

23.021　劍(jiàn)，檢也，所以防檢非常也。又其在身^②，拱時斂在臂內也。其旁鼻曰鐔(xín)，鐔，尋也，帶所貫尋也。其末曰鋒(fēng)，鋒末之言也。

23.022　鋋(chán)，延也，達也，去此至彼之言也。

23.023　鉤鑲(gōuxiāng)，兩頭曰鉤，中央曰鑲，或推鑲，或鉤引，用之之宜也。

23.024　九旗(jiǔqí)之名，日月爲常，畫日月於其端，天子所建，言常明也。

23.025　交龍爲旂(qí)。旂，倚也，畫作兩龍相依倚也。通以赤色爲之，無文采^③，諸侯所建也。通帛爲旃(zhān)，旃，戰也，戰戰恭己而已也。三孤所建，象無事也。

23.026　熊虎爲旗(qí)，軍將所建，象其猛如虎與衆期其下也^④。

23.027　鳥隼爲旟(yú)。旟，譽也，軍吏所建，急疾趨事，則有稱譽也。

---

① 該條王刻本作"甲，似物有孚甲以自禦也。亦曰介(jiè)，亦曰函(hán)，亦曰鎧，皆堅重之名也"。

② 又其在身，王刻本作"又斂也，以其在身"。

③ 通以赤色爲之無文采，王刻本移"三孤"前。

④ 該條王刻本作"熊虎爲旗，旗，期也，言與衆期於下。軍將所建，象其猛如熊虎也"。

23.028 雜帛爲斾(pèi)①,以雜色綴其邊爲翅尾也②。將帥所建,
象物雜也③。

23.029 龜蛇爲旐(zhào)。旐,兆也,龜知氣兆之吉凶,建之於後,
察度事宜之形兆也。

23.030 全羽爲旞(suì)。旞,猶滑也,順滑之貌也。

23.031 析羽爲旌(jīng)。旌,精也,有精光也。

23.032 緌(ruí),有虞氏之旌也,注旄竿首,其形榮榮然也。

23.033 綏(suī),夏后氏之旌也,其形衰衰也。

23.034 白斾(báipèi),殷旌也,以帛繼旐末也。

23.035 翿(dào),陶也,其貌陶陶下垂也。

23.036 幢(chuáng),童也,其貌童童也④。

23.037 旛(fān),幡也,其貌幡幡也⑤。

23.038 校(jiào),號也,將帥號令之所在也。

23.039 節(jié),爲號令賞罰之節也。

---

① 斾,或作"物(wù)"。
② 翅,王刻本作"燕"。
③ 雜,王刻本作"雜色"。
④ 童童,王刻本作"童童然"。
⑤ 幡幡,王刻本作"幡幡然"。

23.040 **鐸**(duó)，度也，號令之限度也。

23.041 **金鼓**(jīngǔ)，金，禁也，爲進退之禁也。

23.042 **戚**(qī)，慼也，斧以斬斷，見者皆慼懼也。

23.043 **鉞**(yuè)，豁也，所向莫敢當前，豁然破散也。

釋車第二十四

24.001 **車**(chē)，古者曰車聲如居，言行所以居人也。今曰車^①，車，舍也，行者所處若車舍也^②。

24.002 天子所乘曰**玉輅**(yùlù)，以玉飾車也。**輅**(lù)亦車也，謂之輅者，言行於道路也。**象輅**(xiànglù)、**金輅**(jīnlù)、**木輅**(mùlù)，各隨所以爲飾名之也^③。

24.003 **鉤車**(gōuchē)，以行爲陣，鉤股曲直有正，夏所制也。

24.004 **胡車**(húchē)^④，車胡以罪没入爲官奴者引之^⑤，殷所制也。

24.005 **元戎車**(yuánróngchē)，在軍前啟突敵陣，周所制也。

24.006 **輦車**(niǎnchē)，人所輦也。

---

① 今曰車，王刻本作"今曰車聲如舍"。
② 車，王刻本作"居"。
③ 該條王刻本作"天子所乘曰**路**，路亦車也，謂之路者，言行於道路也。**金路**、**玉路**，以金玉飾車也，**象路**、**革路**、**木路**，各隨所以爲飾名之也"。
④ 胡車，王刻本作"**胡奴車**(húnúchē)"。
⑤ 車胡、爲官，王刻本作"東胡、官爲"。

24.007 **柏車**(bǎichē)，柏，伯也，大也，丁夫服任之小車也^①。

24.008 **羊車**(yángchē)，羊，祥也；祥，善也。善飾之車，今犢車是也。

24.009 **墨車**(mòchē)，漆之正黑，無文飾，大夫所乘也。

24.010 **重較**(chóngjiào)，其較重，卿所乘也。

24.011 **役車**(yìchē)，給役之車也。

24.012 **棧車**(zhànchē)，棧，靖也，麻靖物之車也，皆庶人所乘也。

24.013 **軘車**(túnchē)，戎者所乘也。

24.014 **容車**(róngchē)，婦人所載小車也，其蓋施帷，所以隱蔽其形容也。

24.015 **衣車**(yīchē)，前戶，所以載衣服之車也。

24.016 **獵車**(lièchē)，所乘以畋獵也。

24.017 **小車**(xiǎochē)，駕馬輕小之車也。駕馬宜輕，使之局小也。

24.018 **高車**(gāochē)，其蓋高，立載之車也^②。

---

① 小車，王刻本作"大車"。據"柏"之大義，當爲"大車"。
② 立載，王刻本作"立乘載"。

24.019 **安車**(ānchē),蓋卑坐乘,今吏之乘小車也①。

24.020 **羸車**(luóchē)、**羔車**(gāochē)②,各以所駕名之也。

24.021 **檻車**(jiànchē),上施欄檻以格猛獸之車也③。

24.022 **輻車**(yáochē),輻,遙也,遠也④。四向遠望之車也。

24.023 **輜車**(zīchē),載輜重臥息其中之車也。輜,廁也,所載衣物雜廁其中也。

24.024 **軿車**(píngchē)⑤,軿,屏也。四面屏蔽,婦人所乘牛馬也⑥。輜、軿之形同,有邸曰輜,無邸曰軿。**輈**(zhōu),句也,轅上句也。**衡**(héng),橫也,橫馬頸上也。

24.025 **游環**(yóuhuán),在服馬背上,驂馬之外轡貫之,游移前却,無常處也⑦。

24.026 **脅驅**(xiéqū),在服馬外脅也。

24.027 **陰**(yīn),蔭也,橫側車前,以陰笒也⑧。

---

① 之,王刻本作“所”。
② 畢沅認爲“羔”當作“羊”。
③ 以格猛獸之車也,王刻本作“以格猛獸,亦囚禁罪人之車也”。
④ 遠也,王刻本作“遙,遠也”。
⑤ 軿,原誤作“軿”。下三“軿”字同。
⑥ 馬,王刻本作“車”是。
⑦ 常,王刻本作“定”。
⑧ 以陰笒也,王刻本作“所以蔭笒也”。

24.028 靷(yǐn)，所以引車也。鋈(wù)，金塗沃也①，冶白金以沃灌靷環也。續(xù)，續靷端也。

24.029 文鞇(wényīn)，車中所坐者也，用虎皮，有文采②，因與下鞏相連著也。

24.030 鞁(fú)，伏也，在前，人所伏也。

24.031 軾(shì)，式也，所伏以式敬者也。

24.032 靯鞴(dùbó)③，車中重薦也。輕靯鞴，小貂也。

24.033 轂(gǔ)，埆也，體堅埆也。

24.034 轅(yuán)，援也，車之大援也。

24.035 枕(zhěn)④，橫在前，如臥牀之有枕也。枕，橫也，橫在下也。

24.036 薦板(jiànbǎn)，在上如薦席也。齊人謂車枕以前曰縮(suō)，言局縮也。兗、冀曰育(yù)，御者坐中執御，育育然也。

24.037 較(jiào)，在箱上爲辜較也。

---

① 王刻本刪“金塗”二字。
② “有文采”後王刻本據體例增“鞇，因也”三字。
③ 靯，原作“靴”。下“靯”字同。
④ 有學者認爲“枕”當作“栿”。

24.038　**立人**(lìrén)，象人立也。

24.039　或曰**陽門**(yángmén)，在前曰陽，兩旁似門也。

24.040　**楄**(gé)，扼也，所以扼牛頸也。馬曰**烏啄**(wūzhuó)，下向，
　　　　叉馬頸，似烏開口向下啄物時也。

24.041　**隆强**(lóngqiáng)，言體隆而强也。或曰**車弓**(chēgōng)，
　　　　似弓曲也。其上竹曰**郎疏**(lángshū)，相遠晶晶然也。

24.042　**轐**(gé)，複也，重複非一言之也。

24.043　**輞**(wǎng)，罔也，罔羅周倫之外也[①]。關西曰**輮**(róu)，言
　　　　曲輮也。或曰**輥**(mín)，輥，縣也，縣連其外也。

24.044　**輪**(lún)，綸也，言彌綸也，周匝之言也。

24.045　**鬆**(zǒng)，言輻鬆入轂中也。

24.046　**輿**(yú)，舉也。

24.047　**軸**(zhóu)，抽也，入轂中可抽出也。

24.048　**釭**(gāng)，空也，其中空也。

24.049　**鐧**(jiān)，間也，間釭軸之間，使不相摩也。

24.050　**轄**(xiá)，害也，車之禁害也。

24.051　**輠**(guǒ)，裹也，裹軹頭也。

---

① 倫，王刻本作"輪"。

24.052　軹(zhǐ)，指也，如指而見於轂頭也。

24.053　笒(líng)，橫在車前，織竹作之，孔笒笒也。

24.054　蓋(gài)，在上覆蓋人也。

24.055　轓(fàn)，藩也，蔽水雨也。

24.056　轑(lǎo)，蓋叉也，如屋構橑也。

24.057　杠(gāng)，公也，眾叉所公共也。

24.058　鞞棿(pìní)①，猶祕齧也。在車軸上，正輪之祕齒前却也。

24.059　屐(jī)，似人屐也。又曰伏兔(fútù)，在軸上似之也。又曰輹(fù)②。輹，伏也，伏於軸上也。

24.060　鉤心(gōuxīn)，從輿心下鉤軸也。

24.061　縛(fù)③，在車下，與輿相連縛也。

24.062　棠(táng)，蹑也，在車兩旁蹑幰，使不得進却也。

24.063　幰(xiǎn)，憲也，禦熱也④。

24.064　紲(xiè)，制也，牽制之也。

24.065　紛(fēn)，放也，防其放弛以拘之也。

---

① 鞞棿，王刻本作"鞞輗"。
② 輹，王刻本作"輹(bú)"。
③ 縛，王刻本據書例增改爲"縛(bó)，縛也"。
④ 禦熱也，王刻本作"所以禦熱也"。

24.066　轡(pèi)，咈也，牽引咈戾，以制馬也。

24.067　勒(lè)，絡也，絡其頭而引之也。

24.068　銜(xián)，在口中之言也^①。

24.069　鑣(biāo)，苞也，所以在旁苞斂其口也^②。

24.070　鞅(yǎng)，嬰也，喉下稱嬰，言纓絡之也。其下飾曰**樊纓**(fányīng)，其形樊樊而上屬纓也。

24.071　韅(xiǎn)，經也，橫經其腹下也。

24.072　絆(bàn)，半也，拘使半行，不得自縱也。

24.073　羈(jī)，檢也，所以檢持制之也。

24.074　韁(jiāng)，疆也，繫之使不得出疆限也。

24.075　鞧(qiū)，遒也，在後遒迫不得使却縮也^③。

24.076　負(fù)，在背上之言也。

24.077　靯(xuàn)，懸也，所以懸縛軛也^④。

---

① 該條王刻本無。
② 所以，王刻本無。
③ 遒，原作“道”。
④ 靯、懸，王刻本分別作“鞙、縣”。

釋船第二十五

25.001 船(chuán)，循也，循水而行也。又曰舟(zhōu)，言周流也。其前立柱曰桅(wēi)[1]。桅，巍也，巍巍高貌也。

25.002 其尾曰柂(duò)。柂，拖也，後見拖曳也。且弼正船使順流，不使他戾也。

25.003 在旁曰櫓(lǔ)。櫓，膂也[2]，用膂力然後舟行也。

25.004 引舟者曰筰(zuó)。筰，作也；作，起也，起舟使動行也。

25.005 在旁撥水曰櫂(zhào)。櫂，濯也，濯於水中也。且言使舟櫂進也。又謂之札(zhá)，形似札也。又謂之楫(jí)。楫，捷也，撥水使舟捷疾也。所用斥旁岸曰交(jiāo)，一人前一人還，相交錯也。

25.006 帆(fān)，汎也，隨風張幔曰帆[3]，使舟疾汎汎然也。

25.007 舟中牀以薦物者曰笭(líng)，言但有簀如笭牀也。南方

---

① 桅，畢沅據《御覽》引改作“桅(wéi)”。下“桅”同。
② 膂，王刻本作“旅”。下“膂”字同。
③ 隨風張幔曰帆，畢沅據《一切經音義》引改置詞頭“帆”前。

人謂之**笒突**(língtū)，言濕漏之水突然從下過也。

25.008　其上板曰**覆**(fù)，言所覆棗枕也①。其上屋曰**廬**(lú)，象廬
　　　　舍也。其上重室曰**飛廬**(fēilú)②，在上，故曰飛也。又在
　　　　上曰**爵室**(juéshì)，於中候望之，如鳥雀之警示也③。軍
　　　　行在前曰**先登**(xiāndēng)，登之向敵陣也。

25.009　狹而長曰**艨衝**(méngchōng)④，以衝突敵船也。

25.010　輕疾者曰**赤馬舟**(chìmǎzhōu)，其體正赤，疾如馬也。

25.011　上下重牀曰**艦**(jiàn)⑤，四方施板，以禦矢石，其內如牢
　　　　檻也。

25.012　五百斛以上還有小屋曰**斥候**(chìhòu)，以視敵進退也。

25.013　三百斛曰**舠**(diāo)。舠，貂也；貂，短也。江南所名短而
　　　　廣，安不傾危者也。

25.014　二百斛以下曰**艇**(tǐng)，其形徑挺，一人二人所行也⑥。

---

① 棗枕，王刻本改作"廬"。
② 室，王刻本作"屋"。
③ 示，王刻本作"視"。
④ "狹"前王刻本有"外"字。
⑤ 牀，王刻本作"版"。
⑥ 所行，王刻本作"所乘行者"。

釋名卷第八

劉熙字成國撰

釋疾病第二十六　　　釋喪制第二十七

釋疾病第二十六

26.001 **疾病**(jíbìng)者[①],客氣中人急疾也。**病**(bìng),並也,並與正氣在膚體中也[②]。

26.002 **疹**(zhěn),診也,有結氣可得診見也[③]。

26.003 **疚**(jiù),久也,在體中也[④]。

26.004 **痛**(tòng),通也,通在膚脈中也。

26.005 **癢**(yǎng),揚也,其氣在皮中,欲得發揚,使人搔發之而揚出也。

26.006 **眩**(xuàn),縣也,目視動亂,如懸物遥遥然不定也。

26.007 **歷匘**(lìnǎo)[⑤],匘從耳鼻中出,歷歷然也。

26.008 **秃**(tū),無髮沐秃也。**毼**(hé),頭生創曰**瘕**(jiǎ)。毼亦

---

① 畢沅認爲"疾病"乃總舉,下應有"疾,疾也"字。

② 並與正氣,王刻本作"與正氣並"。

③ 氣,王刻本作"聚"。

④ 王刻本據文意補"久"字,作"久在體中也"。

⑤ 匘,原作"涇",從段玉裁校改。下"匘"字同。

然也^①。

26.009　盲(máng)，茫也，茫茫無所見也。

26.010　瞽(gǔ)，鼓也，瞑瞑然目平合如鼓皮也。

26.011　矇(méng)，有眸子而失明，蒙蒙無所別也。

26.012　瞍(sǒu)，縮壞也。

26.013　瞎(xiā)，迄也，膚幕迄迫也。

26.014　眸子明而不正曰通視(tōngshì)，言通達目匪一方也。又
　　　　謂之麗視(lìshì)。麗，離也，言一目視天，一目視地，目
　　　　明分離，所視不同也。

26.015　目匪陷急曰眇(miǎo)。眇，小也。目眥傷赤曰瞙(miè)。瞙，
　　　　末也，創在目兩末也。

26.016　目生膚入眸子曰浸(qīn)。浸，侵也，言侵明也，亦言浸
　　　　淫轉大也。

26.017　聾(lóng)，籠也，如在蒙籠之內，聽不察也。

26.018　鼻塞曰鼽(qiú)。鼽，久也，涕久不通，遂至窒塞也。

26.019　齲(qǔ)，朽也^②，蟲齧之齒缺朽也。

---

① "痕"無頭創義，而據《說文》"瘍"即頭創，故王刻本改作"髡，頭生創也，頭
　　有創曰瘍，髡亦然也"。
② 朽，王刻本作"齒朽"。

26.020 瘖(yīn)，唵然無聲也。

26.021 癭(yǐng)，嬰也，在頸嬰喉也。

26.022 癕(yōng)，喉氣著喉中不通，稸成癕也。

26.023 消漱(xiāokě)，漱，渴也，腎氣不周於胷中，津潤消渴，故欲得水也。

26.024 嘔(ǒu)，傴也，將有所吐，脊曲傴也。

26.025 欬(kài)，刻也，氣奔至，出入不平調，若刻物也。

26.026 喘(chuǎn)，湍也；湍，疾也，氣出入湍疾也。

26.027 吐(tù)，瀉也，故揚、豫以東謂瀉爲吐也。

26.028 乳癕曰妒(dù)。妒，褚也，氣積褚不通，至腫潰也。

26.029 心痛曰疝(shàn)。疝，詵也，氣詵詵然上而痛也。

26.030 膍(pǐ)，否也，氣否結也。

26.031 小兒氣結曰哺(bǔ)。哺，露也，哺而寒露，乳食不消，生此疾也。

26.032 注病(zhùbìng)，一人死，一人復得，氣相灌注也。

26.033 泄利(xièlì)，言其出漏泄而利也。下重而赤白曰䐈(zhì)，言屬䐈而難也。

26.034 陰腫曰隤(tuí)，氣下隤也。又曰疝(shàn)，亦言詵也，詵統引小腹急痛也。

26.035　疼(téng)，卑①，氣疼疼然煩也。

26.036　痔(zhì)，食也，蟲食之也。

26.037　酸(suān)，遜也；遜，遁在後也，言脚疼力少，行遁在後，
　　　　以遜遁者也。

26.038　消(xiāo)，弱也，如見割削，筋力弱也。

26.039　懈(xiè)，解也，骨節解緩也。

26.040　厥(jué)，逆氣從下厥起，上行入心脅也。

26.041　瘧(nüè)，酷虐也。凡疾，或寒或熱耳，而此疾先寒後熱，
　　　　兩疾似酷虐者也。

26.042　疥(jiè)，齘也，癢搔之，齒頰齘也。

26.043　癬(xuǎn)，徙也，浸淫移徙，處日廣也，故青、徐謂癬爲
　　　　徙也。

26.044　胗(zhěn)，展也，癢搔之，捷展起也。

26.045　腫(zhǒng)，鍾也，寒熱氣所鍾聚也。

26.046　癰(yōng)，壅也，氣壅否結裹而潰也。

26.047　痳(lín)，懍也，小便難，懍懍然也。

---

① 卑，王刻本作“痹也”。

26.048　創(chuāng)，戕也，戕毀體使傷也。

26.049　痍(yí)，侈也，侈開皮膚爲創也。

26.050　瘢(bān)，漫也，生漫故皮也。

26.051　痕(hén)，根也，急相根引也。

26.052　瘤(liú)，流也，血流聚所生瘤腫也。

26.053　贅(zhuì)，屬也，橫生一肉，屬著體也。

26.054　肬(yóu)，丘也，出皮上，聚高，如地之有丘也。

釋喪制第二十七

27.001　人始氣絶曰**死**(sǐ)。死,澌也,就消澌也。

27.002　士曰**不禄**(bùlù),不復食禄也。大夫曰**卒**(zú),言卒竟也。

27.003　諸侯曰**薨**(hōng)。薨,壞之聲也。

27.004　天子曰**崩**(bēng)。崩,壞之形也。崩,硼聲也。

27.005　**殪**(yì),翳也,就隱翳也。

27.006　**徂落**(cúluò),徂,祚也,福祉殞落也。徂亦往也,言往去
　　　　落也。

27.007　罪人曰**殺**(shā)。殺,竄也,埋竄之使不復見也。

27.008　罪及餘人曰**誅**(zhū)。誅,株也,如株木根,枝葉盡落也。

27.009　死於水者曰**溺**(nì)。溺,弱也,不能自勝之言也。

27.010　死於火者曰**燒**(shāo)。燒,燋也。

27.011　戰死曰**兵**(bīng),言死爲兵所傷也。

27.012　下殺上曰**弒**(shì)。弒,伺也,伺間而後得施也。

27.013　懸繩曰縊(yì)。縊,阨也,阨其頸也。

27.014　屈頸閉氣曰雉經(zhìjīng),如雉之為也。

27.015　獄死曰考竟(kǎojìng),考得其情,竟其命於獄也。

27.016　市死曰棄市(qìshì)。市,衆所聚,言與衆人共棄之也。

27.017　斫頭曰斬(zhǎn)。斬腰曰腰斬(yāozhǎn)①。斬,暫也,暫加兵即斷也。

27.018　車裂曰轘(huàn)。轘,散也,肢體分散也。

27.019　煮之於鑊曰烹(pēng),若烹禽獸之肉也。

27.020　槌而死者曰掠(lüè)。掠,狼也,用威大暴於豺狼也②。

27.021　老死曰壽終(shòuzhōng)。壽,久也;終,盡也,生已久遠,氣終盡也。

27.022　少壯而死曰夭(yāo),如取物中夭折也。

27.023　未二十而死曰殤(shāng)。殤,傷也,可哀傷也③。

27.024　父死曰考(kǎo)。考,成也。亦言槁也,槁於義為成,凡五材,膠漆陶冶皮革,乾槁乃成也。

---

① 二“腰”字,王刻本“斬腰”作“斬要”,“腰斬”作“要斬”。
② 於,王刻本作“如”。
③ 哀,原作“衰”。

27.025　母死曰妣(bǐ)。妣,比也,比之於父亦然也。

27.026　漢以來謂死爲物故(wùgù),言其諸物皆就朽故也。既定死曰尸(shī)。尸,舒也,骨節解舒,不復能自勝歛也。

27.027　衣尸曰襲(xí)。襲,匝也,以衣周匝覆衣之也。

27.028　以囊韜其形曰冒(mào),覆其形,使人勿惡也。

27.029　己衣所以束之曰絞衿(jiǎojīn)。絞,交也,交結之也;衿,禁也,禁繫之也。

27.030　含(hán),以珠貝含其口中也。

27.031　握(wò),以物著尸手中,使握之也。

27.032　衣尸棺曰歛(liǎn),歛藏不復見也。

27.033　棺(guān),關也,關閉也。

27.034　槨(guǒ),廓也,廓落在表之言也。

27.035　尸已在棺曰柩(jiù)。柩,究也,送終隨身之制皆究備也。

27.036　於西壁下塗之曰殯(bìn)。殯,賓也,賓客遇之,言稍遠也。塗曰攢(cuán)[1],攢木於上而塗之也。

27.037　三日不生,生者成服曰縗(cuī)。縗,摧也,言傷催也[2]。

---

[1] 攢,王刻本作"欑"。下"攢"字同。
[2] 催,王刻本作"摧"是。

27.038 **絰**(dié)^①，實也，傷摧之實也。

27.039 **絞帶**(jiǎodài)，絞麻緫爲帶也。三年之縗曰**斬**(zhǎn)，不緝其末，直翦斬而已。期曰**齋**(zī)。齋，齊也。

27.040 九月曰**大功**(dàgōng)，其布如麤大之功，不善治練之也。

27.041 **小功**(xiǎogōng)^②，精細之功，小有飾也。

27.042 **緦麻**(sīmá)^③，緦，絲也，績麻緫如絲也^④。

27.043 **錫縗**(xīcuī)，錫，治也^⑤，治其麻使滑易也。

27.044 **疑縗**(yícuī)^⑥，儗也，儗於吉也。

27.045 **繐**(suì)，細如繐也。

27.046 **疏**(shū)，疏如繐也。

27.047 **環絰**(huándié)，末無餘散麻，圓如環也。

27.048 **弁絰**(biàndié)，如爵弁而素加絰也。

27.049 **重**(chóng)，死者之資重也。含餘米以爲粥，投之甕而懸之，比葬未作主，權以重主其神也。

---

① 絰，原作"絰"。下"弁絰"之"絰"同。
② 王刻本作"五月曰小功"。
③ 王刻本作"三月曰緦麻"。
④ 緫，王刻本作"細"。
⑤ 治，王刻本作"易"。
⑥ 疑縗，原作"疑"，據王刻本補"縗"。

27.050　葬(zàng)，藏也。

27.051　壙(kuàng)，曠也，藏於空曠處也。

27.052　輿棺之車曰輀(ér)。輀，耳也，懸於左右前後，銅魚搖絞之屬，耳耳然也。

27.053　其蓋曰柳(liǔ)。柳，聚也，眾飾所聚，亦其形僂也。亦曰鼈甲(biējiǎ)，以鼈压亦然也①。其旁曰牆(qiáng)，似屋牆也。

27.054　翣(shà)，齊人謂扇爲翣，此似之也，象翣扇爲清涼也。翣有繡有畫，各以其飾名之也。兩旁引之曰披(pī)。披，擺也，各於一旁引擺之，備傾倚也。

27.055　從前引之曰紼(fú)。紼，發也，發車使前也。

27.056　懸下壙曰綍(lǜ)②。綍，捋也③，徐徐捋下之也。

27.057　棺束曰緘(jiān)。緘，函也，古者棺不釘也。旁際曰小要(xiǎoyāo)，其要約小也。又謂之衽(rèn)。衽，任也，任制際會使不解也。

27.058　送死之器曰明器(míngqì)，神明之器，異於人也。

———————

① 以鼈压亦然也，王刻本作“似鼈甲然也”。
② 懸，王刻本作“縣”。
③ 捋，原作“將”。下“捋”字同。“綍、將”音不近。

27.059　**塗車**(túchē),以泥塗爲車也。

27.060　**芻靈**(chúlíng),束草爲人馬,靈名之也①。

27.061　喪祭曰**奠**(diàn)。奠,停也,言停久也。亦言**樸奠**(pǔdiàn),
　　　　合體用之也。

27.062　朔望祭曰**殷奠**(yīndiàn),所用殷衆也。

27.063　既葬,還祭於殯宫曰**虞**(yú),謂虞樂安神,使還此也。

27.064　又祭曰**卒哭**(zúkū)。卒,止也,止孝子無時之哭,朝夕而
　　　　已也。

27.065　又祭曰**袝**(fù)②,祭於祖廟,以後死孫袝於祖也。

27.066　期而**小祥**(xiǎoxiáng),亦祭名也。孝子除首絰③,服練冠
　　　　也。祥,善也,加小善之飾也。

27.067　又期而**大祥**(dàxiáng),亦祭名也。孝子除縗服,服朝服,
　　　　縞冠,加大善之飾也④。

27.068　間月而**禫**(dàn),亦祭名也。孝子之意澹然,哀思益
　　　　衰也。

---

① 靈名之也,王刻本作"以神靈名之也"。
② 袝,原作"附"。下"袝"字同。
③ 絰,王刻本作"服"。
④ 加,原作"如"。

27.069 冢(zhǒng)，腫也，象山頂之高腫起也。

27.070 墓(mù)，慕也，孝子思慕之處也。

27.071 丘(qiū)，象丘形也。陵(líng)，亦然也。

27.072 假葬於道側曰殔(yì)。殔，翳也。

27.073 日月未滿而葬曰渴(kě)，言謂欲速葬，無恩也。

27.074 過時而不葬曰慢(màn)，謂慢傲不念早安神也。

27.075 葬不如禮曰埋(mái)。埋，痗也，趨使葬腐而已也[1]。

27.076 不得埋之曰棄(qì)，謂棄之於野也。

27.077 不得停尸曰捐(juān)[2]，捐於地邊者也[3]。

---

① 葬腐，王刻本作"腐朽"。
② 停，王刻本作"其"。
③ 地邊者，王刻本作"他境"。

音序索引

筆	19.001/110		bīng	步	9.006/41
筆星	1.081/10	并州	7.008/25	步叉	23.003/128
鄙	7.050/29	兵	27.011/150	步盾	23.018/130
鄙袒	16.055/93		bǐng	步搖	15.030/85
	bì	丙	1.045/7	簿	19.009/110
比	15.022/84	琕	23.003/128		**C**
陛	17.042/100	餅	13.012/71		cān
碧縹	14.011/78		bìng	湌	13.004/71
髲	15.028/85	病	26.001/145		cāng
壁	17.036/99		bō	倉	17.071/102
髀	8.096/37	撥	12.031/61	蒼天	1.001/3
臂	8.081/36		bó		cāo
	23.002/127	伯父	11.018/52	操	9.057/45
韠	16.021/90	帛屨	16.068/94		cè
鷩冕	15.006/82	搏	9.048/44	册	19.026/112
	biān	搏拊	22.019/125	策	19.025/112
編	15.027/84	搏臘	16.062/94	廁	17.079/102
	biàn	搏辟	18.026/109		cén
弁	15.013/83	（搏壁）	18.026/109	岑	3.006/14
弁経	27.048/153	薄	12.022/60		chā
	biāo	（轉）	24.061/139	叉	23.003/128
鑣	24.069/140	鎛	21.018/122	錔	21.014/122
	biǎo		bú		chāi
表	19.035/113	（轐）	24.059/139	（釵）	15.033/85
	biē		bǔ		chān
鼊甲	27.053/154	哺	13.057/75	襜襦	16.027/91
	bié		26.031/147		chán
莂	19.023/111		bù	鋋	23.022/131
	bìn	不借	16.061/94		chāng
殯	27.036/152	不禄	27.002/150	昌丘	5.017/20
鬢	8.023/31	布	14.014/79		cháng
	8.053/34	布襦	16.027/91	長刺	19.031/112

常	23.010/129	持	9.056/45	鉏	21.012/122
腸	8.070/35	篪	22.014/125	**chǔ**	
裳	16.002/89	遲	12.053/62	楚	7.018/26
chāo		**chǐ**		**chuān**	
超	9.011/41	豉	13.031/73	川	4.007/16
chē		齒	8.040/33	**chuán**	
車	24.001/134	**chì**		船	25.001/141
車弓	24.041/138	斥候	25.012/142	圌	17.078/102
chè		赤	2.011/12	椽	17.026/98
掣	9.036/43		14.002/78	**chuǎn**	
撤	17.041/99	赤馬舟	25.010/142	喘	26.026/147
chén		抶	9.045/44	**chuāng**	
辰	1.035/6	勑	19.036/113	窗	17.064/101
沈	12.140/68	**chōng**		創	26.048/149
沉齊	13.062/76	充耳	15.034/85	**chuáng**	
陳	17.044/100	春牘	22.022/126	牀	18.001/107
晨	1.075/10	**chóng**		幢	23.036/132
chèn		重	27.049/153	**chuī**	
齔	10.006/48	重較	24.010/135	吹	22.027/126
讖	20.008/115	崇期	6.009/21	**chuí**	
chēng		**chóu**		椎	21.006/121
䋫粉	15.044/86	仇矛	21.004/121	**chūn**	
chéng			23.014/129	春	1.018/5
成	12.130/68	紬	14.035/81	《春秋》	20.016/115
承塵	18.026/109	**chǒu**		**chún**	
承漿	8.050/34	丑	1.032/6	屑	8.045/33
城	17.014/97	醜	12.052/62	屑脂	15.040/86
乘	9.015/42	**chū**		**chuò**	
chī		出	11.032/53	啜	12.162/70
蚩	9.004/41		12.108/66		13.003/71
chí		**chú**		**cí**	
泜	4.027/18	絭靈	27.060/155	茨	17.065/101

詞 20.034/117
慈 12.011/60
餈 13.017/72

cǐ

跐 9.068/46

cì

刺書 19.031/112

cóng

從母 11.036/54
從祖父母 11.022/53

cū

麤 12.122/67
16.062/94

cú

徂落 27.006/150

cù

蹙 9.063/45

cuán

攢 27.036/152
（欑） 27.036/152

cuàn

爨 17.070/102

cuī

崔嵬 3.014/15
榱 17.026/98
縗 27.037/152

cuì

毳冕 15.007/82

cuō

撮 9.040/44

D

dá

達 12.018/60

dà

大功 27.040/153
大祥 27.067/155

dài

帶 16.010/89
貸騃 9.080/47
戴 9.053/45
黛 15.039/86

dān

單 16.036/91
單襦 16.048/92
（儋） 9.017/42
檐 9.017/42
（襌） 16.036/91
襌衣 16.026/91

dàn

禫 27.068/155

dāng

璫 15.035/85

dǎng

黨 7.055/29

dàng

蕩 12.161/70

dāo

刀 23.003/128

dǎo

島 4.029/18
導 12.032/61
15.020/84

蹈 9.067/45

dào

（到寫） 19.031/112
悼 10.005/48
道 12.001/59
道路 6.001/21
翿 23.035/132

dé

德 12.002/59

dēng

登 9.015/42

dí

嫡 11.059/56
篴 22.024/126
鏑 23.003/127

dì

勺 15.043/86
地 2.001/12
（的） 15.043/86
弟 11.009/51
娣 11.035/54
11.045/55
鉪 21.020/123
蝃蝀 1.063/8
（鬄） 15.029/85

diān

（滇盾） 23.018/130

diàn

甸 7.049/29
奠 27.061/155
電 1.060/8
殿 17.042/100

簟	18.007/107	牘	19.012/111	珥	1.068/9
diāo		**dǔ**		《爾雅》	20.018/116
貂席	18.014/108	篤	12.020/60	餌	13.015/72
腵	25.013/142	**dù**		**F**	
dié		妬	26.028/147	**fā**	
臺	10.016/49	靯鞴	24.032/137	發	12.030/61
絰	27.038/153	**duàn**		**fǎ**	
褶	16.025/91	斷	12.150/69	法	20.020/116
dīng		**duì**		**fà**	
丁	1.046/7	兑	1.040/6	髮	8.022/31
dōng			13.048/75	**fān**	
冬	1.021/5	**dùn**		帆	25.006/141
東郡	7.036/28	囤	17.077/102	旛	23.037/132
東海	7.040/28	盾	23.018/130	**fán**	
dòng		頓丘	5.001/19	煩	12.134/68
凍梨	10.017/49	**duó**		樊纓	24.070/140
棟	17.025/98	鐸	23.040/133	**fǎn**	
dǒu		**duò**		反閉	16.037/91
斗	17.033/99	柁	25.002/141	**fàn**	
	18.020/108	**E**		汎齊	13.061/76
(斗帳)	18.020/108	**ē**		奔	24.055/139
dòu		阿丘	5.006/19	**fāng**	
脰	8.058/34	**é**		方丘	5.008/19
dū		額	8.029/32	**fáng**	
都	7.046/28	**è**		房	17.051/100
都丘	5.013/20	堊	17.082/103	**fēi**	
dú		惡	12.050/62	非	12.041/62
獨	11.064/56	頟	8.031/32	飛廬	25.008/142
獨坐	18.002/107	**ér**		**féi**	
瀆	4.002/16	輀	27.052/154	淝泉	4.012/17
瀆泉	4.014/17	**ěr**		**fěi**	
櫝	23.012/129	耳	8.044/33	(胐)	1.070/9

fèi		靬	24.030/137	肝	8.065/35
肺	8.066/35	黻冕	15.008/82	**gàn**	
(肺腒)	13.053/75	**fǔ**		紺	14.031/80
肺膜	13.053/75	斧	21.001/121	幹	23.003/128
疿	16.061/94	弣	23.001/127	**gāng**	
fēn		釜炙	13.041/74	亢	6.014/22
分乾	13.052/75	脯	13.036/74	杠	24.057/139
氛	1.077/10	脯炙	13.040/74	岡	3.003/14
紛	24.065/139	輔車	8.043/33	釭	23.003/128
饋	13.018/72	撫	9.060/45		24.048/138
fěn		**fù**		**gāo**	
粉	15.037/86	父	11.003/51	高車	24.018/135
fēng		阜	3.001/14	高祖	11.007/51
封刀	23.007/129	負	9.018/42	羔車	24.020/136
風	1.011/4		24.076/140	膏饡	13.047/75
鋒	23.003/128	袝	27.065/155	**gào**	
	23.021/131	副	15.026/84	告	19.034/113
fū		腹	8.063/35	**gē**	
夫人	11.051/56	複	16.035/91	戈	23.009/129
膚	8.008/30	賦	20.014/115	歌	22.026/126
fú		輹	24.059/139	**gé**	
伏	9.021/42	縛	12.088/65	(革路)	24.002/134
伏兔	24.059/139		24.061/139	槅	24.040/138
扶	12.087/65	覆	12.090/65	膈	8.077/36
拂	21.016/122		25.008/142	轠	24.042/138
罘罳	17.056/101	**G**		**gēn**	
浮	12.141/68	**gài**		跟	8.107/38
符	19.019/111	蓋	12.091/65	**gèn**	
紼	27.055/154		24.054/139	艮	1.032/6
福	12.076/64	**gān**		**gēng**	
箙	23.003/128	干飯	13.068/76	庚	1.049/7
(韍)	16.021/90	甘	12.126/67	(羹)	13.020/72

	gōng		guān			guò
弓	23.001/127	冠	15.001/82		（過所）	19.021/111
公	11.042/54	棺	27.033/152			**H**
	12.146/69	鰥	11.061/56			hǎi
功	12.045/62	觀	9.030/43		海	4.021/17
宮	17.001/96		guàn		醢	13.030/73
恭	12.013/60	觀	17.057/101			hài
	gōu		guāng		亥	1.042/7
鉤心	24.060/139	光	1.004/3		害	1.088/10
鉤車	24.003/134		guī			hán
鉤鑲	23.023/131	袿	16.038/92		含	13.007/71
溝	4.022/17	歸孫	11.034/54			27.030/152
褠	16.028/91		guǐ		（函）	23.020/131
鏅	21.019/123	氿泉	4.011/16		寒	1.014/4
	gū		宄	12.118/67	寒粥	13.067/76
孤	11.063/56	癸	1.052/7		韓羊	13.049/75
姑	11.023/53	晷	1.006/4		韓兔	13.049/75
	11.028/53		guì		韓鷄	13.049/75
	gǔ	貴	12.071/64			hàn
股	8.097/37	跪	9.032/43		汗	8.020/31
骨	8.010/30	跪襜	16.021/90		汗衣	16.055/93
骨標	14.011/78		gǔn		骭	13.042/74
鼓	22.003/124	袞冕	15.005/82		頷	8.043/33
轂	24.033/137		guō		（頷車）	8.043/33
瞽	26.010/146	郭	17.015/97			háo
	guǎ		23.002/127		隳	6.011/22
寡	11.062/56		guó			hǎo
	guà	《國語》	20.017/115		好	12.051/62
卦賣	9.075/46	簂	15.031/85			hào
絓	14.035/81		guǒ		昊天	1.001/3
	guài	槨	27.034/152		號	12.048/62
夬	12.113/66	輠	24.051/138			

羈	24.073/140		**jiǎ**		**jiāng**	
	jí	甲	1.043/7	江	4.003/16	
吉	12.102/66		8.080/36	將	12.087/65	
急	12.056/63		23.020/130	僵	9.023/42	
疾	12.054/63	瘕	26.008/145	漿	13.024/73	
疾病	26.001/145		**jiān**	橿	21.012/122	
楫	25.005/141	肩	8.079/36	疆	24.074/140	
踖	9.065/45	姦	12.117/67		**jiàng**	
籍	19.013/111	緘	27.057/154	絳	14.006/78	
	jǐ	縑	14.017/79		**jiāo**	
己	1.048/7	艱	12.100/66	交	25.005/141	
脊	8.089/37	韉	23.003/128	交領	16.046/92	
戟	23.008/129	鐗	24.049/138		**jiǎo**	
濟	4.006/16		**jiǎn**	角	8.030/32	
濟北	7.042/28	剪刀	23.005/128	狡	12.112/66	
濟南	7.041/28	檢	19.015/111	脚	8.099/37	
濟陰	7.043/28	蹇	9.072/46	絞衿	27.029/152	
	jì	簡	19.008/110	絞帶	27.039/153	
季父	11.021/52		**jiàn**	鉸刀	23.007/129	
紀	12.038/61	健	12.080/64		**jiào**	
《記》	20.013/115	間	12.136/68	校	23.038/132	
塈	17.083/103	賤	12.072/64	教	12.095/65	
跡	12.086/65	踐	9.064/45	較	24.037/137	
跽	9.033/43	箭	23.003/127		**jiē**	
冀州	7.010/26	澗	4.008/16	階	17.043/100	
灃汋	17.069/102	薦	18.008/107	嗟	12.163/70	
	jiā	薦板	24.036/137		**jié**	
夾室	17.049/100	劍	23.021/131	孑盾	23.018/130	
枷	21.013/122	濫泉	4.009/16	睫	8.034/32	
	jiá	檻車	24.021/136	節	8.086/37	
頰	8.038/32	艦	25.011/142		19.020/111	
頰車	8.043/33				23.039/132	

潔	12.144/68		**jìng**	窭數	9.077/46
	jiè	俓	6.013/22	屨	16.060/94
（介）	23.020/131	脛	8.100/38		**juān**
疥	26.042/148	敬	12.015/60	捐	27.077/156
	jīn	静	12.066/63	鐫	21.008/121
巾	15.017/83	鏡	15.021/84		**juàn**
（斤）	21.022/123		**jiǔ**	絹	14.016/79
金	1.026/5	九丘	20.004/114		**juē**
金鼓	23.041/133	九旗	23.024/131	屩	16.063/94
金輅	24.002/134	酒	13.058/75		**jué**
（金路）	24.002/134		**jiù**	桷	17.026/98
金餅	13.013/72	疚	26.003/145	厥	26.040/148
津	8.018/31	柩	27.035/152	絶	12.151/69
衿	16.009/89	廄	17.073/102	爵弁	15.013/83
筋	8.013/31	舅	11.027/53	爵里刺	19.031/112
襟	16.004/89		11.029/53	爵室	25.008/142
	jǐn		**jū**	爵釵	15.033/85
錦	14.021/79	掬	9.039/44	爵頭	17.027/98
	jìn	椐	17.040/99	嚼	13.009/71
晉	7.021/26	裾	16.013/89	覺	9.085/47
進	12.077/64	鞠衣	16.018/90		**jùn**
禁	1.076/10		**jǔ**	郡	7.052/29
	jīng	咀	13.008/71		**K**
荆州	7.004/25		**jù**		**kǎi**
涇	4.019/17	巨巾	16.021/90	鎧	23.020/130
旌	23.031/132	距	8.054/34		**kài**
經	20.005/114	虡	22.007/124	欬	26.025/147
	jǐng	劇	12.137/68		**kǎn**
井	7.047/28	劇旁	6.004/21	坎	1.031/6
	17.069/102	劇驂	6.008/21		**kāng**
景	1.005/4	據	9.025/42	康	6.006/21
頸	8.056/34	鋸	21.024/123		

kāo		**kuǐ**		**lěi**	
尻	8.094/37	頯	15.031/85	耒	21.006/121
kǎo		**kūn**		誄	20.029/116
考	27.024/151	坤	2.001/12	**lèi**	
考竟	27.015/151	昆孫	11.015/52	肋	8.076/36
kē		崑崙丘	5.003/19	**lí**	
科	20.023/116	褌	16.055/93	犁	21.010/122
kě		**kuò**		黎	2.012/13
渴	27.073/156	栝	23.003/128	離	1.037/6
kè		**L**		離孫	11.033/53
克	12.169/70	**lái**		籬	17.040/99
kōng		來	12.121/67	**lǐ**	
箜篌	22.011/125	來孫	11.014/52	里	7.054/29
kǒu		**lán**		禮	12.007/59
口	8.037/32	瀾	4.017/17	《禮》	20.010/115
（口卷）	8.047/33	**lǎn**		醴齊	13.063/76
kǔ		攬	9.058/45	**lì**	
苦	12.127/67	**láng**		立	9.013/42
苦酒	13.066/76	郎疏	24.041/138	立人	8.048/34
kù		**láo**			24.038/138
庫	17.072/102	牢	17.019/97	罳	12.153/69
袴	16.024/90	**lǎo**		厲	1.084/10
（綺）	16.024/90	老	10.019/50	歷齗	26.007/145
kuài		轑	24.056/139	櫟鬢	15.020/84
膾	13.038/74	**lè**		麗視	26.014/146
	13.044/74	勒	12.037/61	礫	3.020/15
kuān			24.067/140	**lián**	
髖	8.092/37	樂	12.082/64	慊	18.021/108
kuàng		**léi**		廉	12.143/68
壙	27.051/154	雷	1.059/8	鎌	21.002/121
kuí		蠃	12.079/64	**liǎn**	
逵	6.010/22			斂	27.032/152

liàn		流星	1.082/10	**lǚ**	
練	14.018/79	瘤	26.052/149	梠	17.027/98
liáng		**liǔ**		履	9.066/45
良	12.024/61	柳	27.053/154		16.058/93
凉州	7.006/25	**liù**		**lù**	
梁	17.023/98	霤	17.054/100	律	20.021/116
liǎng		**lóng**		绿	14.010/78
裲襠	16.030/91	隆强	24.041/138	慮	12.170/70
liè		聾	26.017/146	繂	27.056/154
埒	3.013/15	**lóu**		**luán**	
趹	15.016/83	樓	17.058/101	欒	17.031/99
獵車	24.016/135	**lú**		**luàn**	
lín		盧	2.016/13	亂	12.132/68
林	3.017/15		17.032/99	**lüè**	
痳	26.047/148	廬	17.066/101	掠	27.020/151
鄰	7.053/29		25.008/142	**lún**	
lǐn		（櫨）	17.032/99	淪	4.018/17
廩	17.074/102	**lǔ**		綸	14.033/81
líng		鹵	2.010/12	輪	24.044/138
囹圄	17.019/97	魯	7.023/27	《論語》	20.019/116
陵	3.001/14	櫓	17.060/101	**lùn**	
	27.071/156		25.003/141	論	20.025/116
笭	24.053/139	**lù**		**luó**	
	25.007/141	陸	2.006/12	羅	14.025/80
笭突	25.007/142	輅	24.002/134	羅柳	21.013/122
綾	14.023/80	路	6.002/21	蠃車	24.020/136
lǐng		（路）	24.002/134	**luò**	
領	16.003/89	麓	3.018/15	酪	13.026/73
lìng		露	1.054/7	**M**	
令	20.022/116	露見	23.018/130	**mà**	
liú		露拍	23.003/128	罵	12.152/69
留幕	16.051/93				

	mái		**mèi**	軞	24.043/138	
埋	27.075/156	妹	11.025/53		**mǐn**	
霾	1.067/9	袂	16.005/89	敏	12.019/60	
	mài	寐	9.082/47		**míng**	
脈摘	9.079/47		**mén**	名	12.047/62	
霡霂	1.057/8	門	17.061/101	明器	27.058/154	
	màn		**méng**	銘	12.036/61	
幔	18.019/108	盟	12.156/69			20.028/116	
慢	12.016/60	薨	17.035/99		**mìng**	
	27.074/156	矇	26.011/146	命婦	11.053/56	
槾	17.027/98	艨衝	25.009/142		**mó**	
	máng		**mí**	膜	8.014/31	
盲	26.009/146	糜	13.022/72	摩娑	9.062/45	
	máo		**mǐ**		**mò**	
毛	8.006/30	弭	23.001/127	陌頭	15.025/84	
矛	23.012/129		**mì**	貊炙	13.043/74	
髦	8.024/31	密	12.125/67	墨	19.003/110	
髦丘	5.004/19		**mián**	墨車	24.009/135	
	mǎo	眠	9.084/47		**móu**	
卯	1.034/6	緜	14.032/81	（牟子）	8.035/32	
	mào		**miǎn**	牟追	15.010/83	
冒	27.028/152	冕	15.004/82	眸子	8.035/32	
耄	10.015/49		**miàn**		**mǔ**	
帵	15.031/85	面	8.028/32	母	11.004/51	
帽	15.017/83		**miǎo**	畞丘	5.007/19	
	méi	眇	26.015/146		**mù**	
眉	8.025/31		**miào**	木	1.027/5	
湄	4.020/17	廟	17.012/97	木盾	23.018/130	
楣	17.028/98		**miè**	木絡	23.018/130	
	měi	矊	26.015/146	木輅	24.002/134	
美人	1.063/8		**mín**	（木路）	24.002/134	
		旻天	1.001/3	目	8.032/32	

沐	9.074/46		nì		nüè
（莫）	14.036/81	逆	12.067/63	瘧	26.041/148
墓	27.070/156	溺	27.009/150	**O**	
幕	14.036/81		niān		ǒu
	18.017/108	拈	9.044/44	嘔	26.024/147
N			nián	**P**	
	nà	年	1.023/5		pà
納	12.123/67		niǎn	帕腹	16.031/91
納陛	17.042/100	輦車	24.006/134		pāi
	nài		niàn	拍	9.061/45
柰油	13.071/76	念	12.166/70	拍髀	23.003/128
柰脯	13.073/77		niè		pān
	nán	孽	1.093/11	攀	9.035/43
男	10.002/48	齧掣	9.078/47		páng
南郡	7.036/28	（蠥）	1.093/11	彭排	23.019/130
南海	7.039/28	糱	13.033/73	膀胱	8.072/36
南陽	7.044/28	囓	13.011/71		pāo
難	12.101/66	躎	9.069/46	脬	13.051/75
	náo	鑷	15.024/84	（脬）	8.072/36
鐃	22.025/126		niú		páo
	nèi	牛心	15.016/83	袍	16.052/93
內子	11.052/56		nóng	匏	22.017/125
	néng	膿	8.016/31		pèi
能	12.063/63		nòu	帔	16.044/92
	ní	耨	21.017/122	佩	16.022/90
泥	17.080/103		nǔ	佩刀	23.004/128
泥丘	5.012/20	弩	23.002/127	配	11.057/56
霓	1.064/8		nǚ	斾	23.028/132
（齯齒）	10.017/49	女	10.003/48	轡	24.066/140
齯齯	10.017/49	女君	11.039/54		pēng
臡	13.030/73	女墻	17.016/97	烹	27.019/151

	pěng	屏風	18.028/109	（啟）	19.028/112
捧	9.050/44	軿車	24.024/136	綺	14.022/79
	pī		pò		qì
批	9.047/44	膊	13.037/74	契	19.024/112
披	27.054/154	（霸）	1.070/9	氣	1.010/4
辟歷	1.061/8		pū	棄	27.076/156
	pí	仆	9.010/41	棄市	27.016/151
皮	8.007/30		pú		qiān
皮弁	15.013/83	匍匐	9.070/46	牽	9.037/43
枇杷	22.012/125	蒲	17.067/101	牽離	14.036/81
陴	17.016/97		18.009/107		qián
脾	8.067/35		pǔ	乾	1.001/3
鼙	22.005/124	樸斲	27.061/155	髶	15.029/85
	pǐ	譜	20.031/116		qiàn
匹	11.058/56		**Q**	欠	9.087/47
否	12.064/63		qī	槧	19.011/111
胉	26.030/147	妻	11.054/56		qiāng
	pì	戚	23.042/133	羌盾	23.018/130
睥睨	17.016/97	期頤	10.018/49	斨	21.003/121
鞞棿	24.058/139	緝	16.041/92		qiáng
（鞞輗）	24.058/139		qí	強	10.012/49
	pián	岐旁	6.003/21	墻	17.037/99
蹁	8.102/38	耆	10.014/49	彊	12.061/63
	piāo	旂	23.025/131		15.042/86
漂	2.015/13	齊	7.025/27	牆	27.053/154
	piǎo	旗	23.026/131		qiáo
縹	14.011/78	騎	9.014/42	（喬）	3.007/14
	pín	臍	8.071/36	嶠	3.007/14
嬪	11.055/56		qǐ		qiǎo
	píng	屺	3.012/15	巧	12.057/63
枰	18.003/107	企	9.026/43		qiào
屏	17.045/100	起	12.105/66	削	23.003/128

qiè		**qū**		**rén**	
妾	11.056/56	曲	12.084/64	人	8.001/30
怯	12.149/69	曲領	16.047/92	壬	1.051/7
挈	9.055/45	岨	3.014/15	仁	12.005/59
qīn		祛	16.007/89	**rèn**	
衾	16.054/93	趨	9.007/41	衽	16.012/89
浸	26.016/146	軀	8.003/30	袵	27.057/154
親	11.001/51	麴	13.032/73	**réng**	
qín		**qú**		仍孫	11.016/52
秦	7.020/26	衢	6.005/21	**rì**	
qǐn		**qǔ**		日	1.002/3
寢	9.083/47	取	12.046/62	齅	13.030/73
	17.013/97	齲	26.019/146	**róng**	
qīng		**qù**		容	9.002/41
青	2.011/12	麩	13.070/76	容刀	23.004/128
	14.001/78	**quàn**		容車	24.014/135
青州	7.001/25	券	19.022/111	榮	12.073/64
圊	17.079/102	**què**		融丘	5.009/19
清	12.069/64	闕	17.055/101	**róu**	
qìng		闕翟	16.017/90	鞣	24.043/138
磬	22.002/124	**qūn**		**ròu**	
qiū		囷	17.075/102	肉	8.012/31
丘	7.048/29	**qún**		**rú**	
	27.071/156	裙	16.040/92	孺	10.004/48
秋	1.020/5	**R**		（孺子）	10.004/48
鞧	24.075/140	**rán**		襦	16.023/90
qiú		髯	8.052/34	**rǔ**	
裘褎	18.012/108	**rǎng**		汝南	7.034/28
觓	26.018/146	壤	2.004/12	汝陰	7.035/28
qiǔ		**rè**		辱	12.074/64
糗	13.069/76	熱	1.016/4	**rù**	
				入	12.109/66

褥	18.011/108	善	12.049/62		**shèng**
	ruí		**shāng**	乘丘	5.010/19
緌	23.032/132	殤	27.023/151		**shī**
	ruì		**shàng**	尸	27.026/152
兌	15.016/83	上	19.035/113	《詩》	20.014/115
兌髮	15.016/83	上天	1.001/3	濕	12.060/63
	ruò	上黨	7.032/27		**shí**
弱	10.010/49	《尚書》	20.015/115	石	3.019/15
	12.062/63		**shāo**	食	1.069/9
	S	燒	27.010/150		13.002/71
	sǎ		**shào**		**shǐ**
靸韋	16.070/95	少腹	8.073/36	矢	23.003/127
	sān		**shé**	始	12.114/66
三壝	20.001/114	舌	8.039/32		**shì**
	sǎn		8.047/33	示	19.027/112
糁	13.014/72		**shè**	世父	11.018/52
	sǎo	舍	17.009/97	事	12.044/62
嫂	11.040/54		**shēn**	事酒	13.065/76
	sè	申	1.039/6	侍	12.096/65
瑟	22.008/124	身	8.005/30	是	12.040/62
	shā		**shěn**	室	17.002/96
（沙）	14.027/80	瀋	13.030/73	視	9.028/43
沙穀	14.027/80		**shèn**		12.039/61
殺	27.007/150	腎	8.068/35	弑	27.012/150
	shà		**shēng**	軾	24.031/137
翣	27.054/154	升朝	1.063/8	飾	12.160/70
	shān	生脡	13.045/74	誓	12.157/69
山	3.001/14	笙	22.016/125	謚	20.030/116
衫	16.034/91	甥	11.038/54		**shōu**
	shàn		**shěng**	收	15.011/83
疝	26.029/147	省	12.135/68		**shǒu**
	26.034/147	眚	1.090/11	手	8.085/37

手戟	23.011/129	**shuāng**		氾	4.016/17
首	8.027/32	霜	1.053/7	祀	1.024/5
shòu		**shuí**		姒	11.044/55
壽終	27.021/151	誰	12.119/67	耜	21.009/121
shū		**shuǐ**		**sōng**	
殳矛	23.017/130	水	1.028/5	松櫝	23.012/129
叔	11.041/54	水腹	8.073/36	嵩	3.005/14
叔父	11.020/52	**shǔn**		**sǒng**	
書	19.029/112	吮	13.005/71	竦	9.027/43
書刀	23.006/129	**shùn**		**sòng**	
書刺	19.031/112	順	12.068/63	宋	7.016/26
梳	15.022/84	**shuō**		頌	12.034/61
疏	12.124/67	説	12.027/61		20.014/115
	14.015/79	**shuò**		**sǒu**	
	14.026/80	朔	1.071/9	叟	26.012/146
	27.046/153		22.006/124	**sú**	
樞	8.095/37	稍	23.013/129	俗	12.099/65
shú		嗽	13.006/71	**sù**	
（孰）	11.046/55	**sī**		素	14.019/79
熟	11.046/55	司州	7.012/26	素積	16.015/90
shǔ		私	11.037/54	**suān**	
暑	1.015/4		12.147/69	酸	26.037/148
署	19.033/113	思	12.168/70	**suī**	
鼠肝	2.014/13	緦麻	27.042/153	綏	23.033/132
屬	11.002/51	鍶	21.023/123	**suǐ**	
襦	16.027/91	**sǐ**		髓	8.021/31
shù		死	27.001/150	髓餅	13.013/72
束	12.089/65	**sì**		**suì**	
庶	11.060/56	巳	1.036/6	歲	1.024/5
潚	4.028/18	四時	1.022/5	繐	14.028/80
shuā		四瀆	4.001/16		27.045/153
刷	15.023/84	寺	17.017/97	鐩	23.030/132

sūn
孫 11.011/51
飧 13.019/72
sǔn
簨 22.007/124
suō
縮 24.036/137
suǒ
索餅 13.013/72
鞣釋 16.066/94
T
tà
榻 18.001/107
榻登 18.013/108
蹋 9.046/44
tái
臺 17.059/101
鮐背 10.017/49
tān
貪 12.142/68
tán
檀 21.011/122
tǎn
(監) 13.030/73
禫衣 16.019/90
tàn
嘆 13.020/72
tāng
湯 13.025/73
湯餅 13.013/72
táng
堂 17.050/100
棠 24.062/139
溏浹 13.016/72
táo
桃諸 13.077/77
桃濫 13.072/77
陶丘 5.002/19
鞉 22.004/124
tè
慝 1.091/11
téng
疼 26.035/148
tí
提 9.054/45
綈 14.020/79
緹齊 13.059/76
蹄 8.105/38
題 19.032/112
tǐ
體 8.002/30
tì
悌 12.014/60
揥 15.019/84
嚏 9.088/47
tiān
天 1.001/3
天縹 14.011/78
tián
田 2.003/12
tiàn
瑱 15.034/85
tiào
跳 9.012/42
tiē
帖 18.024/108
tīng
聽 9.029/43
tíng
廷 17.018/97
亭 17.020/98
停 12.104/66
tǐng
艇 25.014/142
tōng
通 12.017/60
通視 26.014/146
tóng
童 10.009/49
(童子) 8.035/32
瞳子 8.035/32
tǒng
統 20.032/117
tòng
痛 26.004/145
tóu
頭 8.026/32
酳 13.029/73
tū
秃 26.008/145
tú
涂 6.015/22
塗 17.081/103
塗車 27.059/155
圖 20.007/115

	tǔ		**wáng**		謂	19.037/113
土	1.030/6	王父	11.005/51		**wén**	
	2.002/12	王母	11.005/51	文	12.003/59
	tù		**wǎng**	文鞇	24.029/137
吐	26.027/147	枉矢	1.083/10		**wěn**	
兔纖	13.054/75	往	12.120/67	吻	8.046/33
	tuàn	輞	24.043/138		**wò**	
褖衣	16.020/90		**wàng**	沃泉	4.010/16
	tuí	望	1.073/9	卧	9.081/47
隤	26.034/147		9.031/43	握	27.031/152
	tuì		12.111/66	幄	18.025/109
退	12.078/64		17.025/98		**wū**	
	tún	（望羊）	9.073/46	污	12.145/69
軘車	24.013/135	望佯	9.073/46	屋	17.011/97
臀	8.093/37		**wēi**	屋漏	17.004/96
	W	危	12.129/67	烏啄	24.040/138
	wǎ	威	12.092/65	鳴	12.165/70
瓦	17.022/98	椳	25.001/141		**wú**	
	wà		**wéi**	吴	7.026/27
襪	16.057/93	（韋弁）	15.013/83	吴魁	23.018/130
	wài	（桅）	25.001/141	（梧）	17.030/99
外姑	11.030/53	帷	18.016/108	梧丘	5.014/20
外甥	11.031/53		**wěi**		**wǔ**	
《外傳》	20.017/116	尾	8.090/37	五行	1.025/5
外舅	11.030/53	委	12.083/64	五色	2.011/12
	wán	委貌	15.012/83	五典	20.002/114
紈	14.029/80	緯	20.006/114	午	1.037/6
	wǎn		**wèi**	伍	7.053/29
宛丘	5.005/19	未	1.038/6	武	12.004/59
晚下	16.069/95	胃	8.069/35	悟	17.030/99
	wàn	衛	7.024/27	廡	17.068/101
腕	8.083/36		23.003/128			

	wù		xiā		項	8.055/34
戊	1.047/7	瞎	26.013/146			xiāo
（物）	23.028/132		xiá		消	12.115/66
物故	27.026/152	轄	24.050/138			26.038/148
姤	10.003/48		xià	消澣	26.023/147
寤	9.086/47	夏	1.019/5	綃頭	15.025/84
鋈	24.028/137		xiān	銷	21.014/122
霧	1.078/10	仙	10.019/50	蕭廧	17.046/100
	X	先後	11.045/55	簫	22.015/125
	xī	先登	25.008/142		23.001/127
夕陽	3.015/15		xián		xiǎo
西海	7.038/28	弦	1.072/9	小功	27.041/153
息	12.116/67	銜	13.007/71	小車	24.017/135
腊	13.035/74		24.068/140	小要	27.057/154
犀盾	23.018/130	銜炙	13.042/74	小祥	27.066/155
膝	8.098/37		xiǎn		xiào
錫繲	27.043/153	幰	24.063/139	孝	12.010/60
蹊	6.012/22	韅	24.071/140	笑	9.089/47
醯	13.030/73		xiàn		xiē
	xí	陷虜	23.018/130	蝎餅	13.013/72
席	18.006/107	縣	7.051/29		xié
隰	2.008/12	霰	1.056/7	挾	9.049/44
檄	19.014/111	蹥車	8.043/33	脅	8.075/36
襲	27.027/152		xiāng	脅驅	24.026/136
	xǐ	香澤	15.041/86	鞋	16.067/94
璽	19.016/111	鄉	7.056/29		xiě
纚	14.025/80	緗	14.009/78	寫	19.031/112
	15.014/83		xiáng		xiè
	xì	翔	12.107/66	泄利	26.033/147
系	16.011/89		xiàng	紲	24.064/139
（細）	12.123/67	象輅	24.002/134	懈	26.039/148
舄	16.059/93	（象路）	24.002/134	蟹胥	13.075/77

蟹螯	13.076/77	宿	1.009/4	鞢	16.065/94
xīn		繡	14.024/80	**xué**	
心	8.064/35	**xū**		礐	3.010/15
心衣	16.033/91	戌	1.041/6	**xuě**	
辛	1.050/7	須盾	23.018/130	雪	1.055/7
xín		鬚	8.051/34	**xuè**	
鐔	23.021/131	**xú**		血	8.015/31
xìn		徐州	7.002/25	血脂	13.046/74
（囟）	8.023/31	**xù**		**xūn**	
信	12.009/59	序	12.028/61	塤	22.013/125
xīng			17.048/100	**xùn**	
星	1.008/4	叙	20.027/116	巽	1.036/6
xíng		殺矛	23.016/130	**Y**	
行	9.005/41	絮	14.034/81	**yā**	
行縢	16.056/93	（緒）	20.032/117	丫	21.013/122
形	8.004/30	續	24.028/137	**yá**	
錫	13.055/75	**xuān**		牙	8.042/33
xìng		軒	17.079/102		23.002/127
（杏油）	13.071/77	**xuán**		牙車	8.043/33
興	20.014/115	玄	1.001/3	**yǎ**	
xiōng		玄孫	11.013/52	庌	17.068/101
凶	12.103/66	玄端	16.014/89	雅	12.098/65
兄	11.008/51	（縣刀）	23.002/127		20.014/115
（兄忪）	11.043/55	懸刀	23.002/127	**yà**	
兄忪	11.043/55	**xuǎn**		亞	11.047/55
兄章	11.043/55	癬	26.043/148	**yān**	
胷	8.060/35	**xuàn**		咽	8.057/34
xiū		眩	26.006/145	燕	7.015/26
脩	13.036/74	鞙	24.077/140	**yán**	
羞袒	16.055/93	（鞘）	24.077/140	言	12.025/61
xiù		**xuē**			19.035/113
袖	16.008/89	削刀	23.007/129	妍	9.003/41

筵	18.005/107		yào	厎	18.027/109
嚴	12.093/65	突	17.005/96		yì
簷	17.053/100	曜	1.007/4	邑	7.047/28
	yǎn	鷂	16.016/90	役車	24.011/135
衍	2.007/12	鷂翟	16.016/90	《易》	20.009/115
兗州	7.011/26		yé	帟	18.018/108
眼	8.033/32	俺	15.025/84	疫	1.085/10
偃	9.022/42		yè	殔	27.072/156
	9.071/46	抴	12.029/61	益州	7.013/26
演	12.033/61	葉	21.014/122	異	1.089/11
甗	3.008/14	腋	8.078/36	嗌	8.058/35
	yàn	業	12.043/62	詣	19.028/112
硯	19.002/110		22.007/124	義	12.006/59
	yáng	謁	19.018/111	（誼）	12.006/59
羊車	24.008/135		yī	殪	27.005/150
陽	1.013/4	衣	16.001/89	瞖	1.066/9
陽丘	5.022/20	衣車	24.015/135	憶	12.167/70
陽門	24.039/138	嬰婗	10.001/48	縊	27.013/151
揚州	7.003/25	噎	12.164/70	臆	8.061/35
	yǎng		yí	醳酒	13.064/76
仰角	16.071/95	夷矛	23.015/129	懿	12.023/60
鞅	24.070/140	姨	11.036/54		yīn
癢	26.005/145	（姨）	11.035/54	姻	11.049/55
	yāo	宧	17.006/96	殷奠	27.062/155
夭	27.022/151	痍	26.049/149	陰	1.012/4
妖	1.092/11	飴	13.056/75		8.074/36
要	8.091/37	疑繶	27.044/153		24.027/136
（要斬）	27.017/151	《儀》	20.011/115	瘖	26.020/147
要襦	16.049/92	頤	8.041/33		yín
腰斬	27.017/151		yǐ	吟	22.028/126
	yáo	乙	1.044/7	淫	12.139/68
輻車	24.022/136	倚筵	9.076/46	寅	1.033/6

載丘	5.016/20	疷	1.086/10	趙	7.022/27	
zān		**zhǎ**		櫂	25.005/141	
簪	15.018/84	鲊	13.034/73	**zhēn**		
zàn		**zhà**		貞	12.138/68	
讚	12.035/61	栅	17.041/99	**zhěn**		
	20.026/116	**zhái**		枕	18.015/108	
zàng		宅	17.008/96		24.035/137	
葬	27.050/154	**zhān**		胗	26.044/148	
záo		旃	23.025/131	疹	26.002/145	
鑿	21.007/121	氊	18.010/108	**zhèn**		
zào		**zhǎn**		卿	3.016/15	
皂	14.013/79	斬	27.017/151	震	1.034/6	
燥	12.059/63		27.039/153		1.061/8	
躁	12.065/63	**zhàn**		**zhēng**		
竈	17.070/102	棧車	24.012/135	蒸栗	14.030/80	
zé		**zhāng**		蒸餅	13.013/72	
笮	17.034/99	章	11.043/55	箏	22.009/124	
	23.003/128	章甫	15.009/83	**zhèng**		
幘	15.016/83	**zhǎng**		政	12.094/65	
澤	2.009/12	長	10.007/48	鄭	7.017/26	
	16.055/93	掌	4.015/17	**zhī**		
zè			8.084/37	汁	8.017/31	
側	9.024/42	**zhàng**		枝	15.018/84	
zēng		帳	18.020/108	胲	8.011/30	
曾祖	11.006/51	障	17.062/101	脂	15.036/86	
曾孫	11.012/52	**zhāo**		**zhí**		
zhā		朝陽	3.015/15	直領	16.045/92	
摣	9.041/44	**zhǎo**		姪	11.026/53	
zhá		爪	8.087/37	埴	2.013/13	
札	19.007/110	**zhào**		執	9.043/44	
	25.005/141	詔書	20.024/116	稙長	11.046/55	
（札）	1.086/10	旐	23.029/132			

zhǐ		洲	4.024/18	**zhuāng**	
阯丘	5.018/20	粥	13.023/72	莊	6.007/21
沚	4.026/18	䩅	24.024/136	**zhuàng**	
沚丘	5.020/20	**zhóu**		壯	10.011/49
紙	19.004/110	軸	24.047/138	幢容	18.022/108
趾	8.104/38	**zhǒu**		**zhuī**	
軹	24.052/139	肘	8.082/36	錐	21.005/121
zhì		**zhū**		**zhuì**	
炙	13.039/74	誅	27.008/150	贅	26.053/149
治	12.133/68	**zhú**		**zhuō**	
痔	26.036/148	（劚）	21.025/123	拙	12.058/63
智	12.008/59	钃	21.025/123	捉	9.042/44
雉經	27.014/151	**zhǔ**		棳儒	17.029/98
銍	21.021/123	陼丘	5.011/20	**zhuó**	
膪	26.033/147	渚	4.025/18	汋	8.019/31
識	12.038/61	**zhù**		啄	13.010/71
zhōng		宁	17.047/100	濁	12.070/64
中衣	16.029/91	助	12.159/69	**zī**	
中霤	17.007/96	注病	26.032/147	姿	9.001/41
（𢓲）	11.043/55	柷	22.020/125	緇	14.012/78
忪	11.043/55	（柷敔）	22.021/125	輜車	24.023/136
鍾	22.001/124	柱	17.024/98	髭	8.049/34
zhǒng		祝	12.154/69	齏	27.039/153
冢	3.002/14	筑	22.010/125	**zǐ**	
	27.069/156	駐	9.019/42	子	1.031/6
腫	26.045/148	**zhuǎn**			11.010/51
踵	8.108/38	膊	8.101/38	姊	11.024/53
zhòng		**zhuàn**		紫	14.007/78
仲父	11.019/52	傳	17.021/98	**zōng**	
zhōu			19.021/111	宗丘	5.023/20
舟	25.001/141		20.012/115	（宗廟）	17.012/97
周	7.019/26	襈	16.039/92	蹤	12.085/65

	zǒng		**zú**	詛	12.155/69	
鬆	24.045/138	足	8.103/38		**zūn**	
總	15.015/83		23.003/127	鐏	23.012/129	
	zǒu	卒	27.002/150		**zuó**	
走	9.008/41	卒哭	27.064/155	笮	25.004/141	
	zòu	鏃	23.003/127		**zuǒ**	
奏	19.006/110		**zǔ**	佐	12.158/69	
	zū	阻丘	5.019/20		**zuò**	
葅	13.028/73	祖	11.005/51	坐	9.020/42	

筆畫索引

羽	23.003/128	里	7.054/29		19.035/113
（牟子）	8.035/32	（昀）	15.043/86	庈	17.068/101
牟追	15.010/83	足	8.103/38	序	12.028/61
七畫			23.003/127		17.048/100
形	8.004/30	男	10.002/48	辛	1.050/7
扶	12.087/65	吟	22.028/126	羌盾	23.018/130
批	9.047/44	吻	8.046/33	兌	1.040/6
走	9.008/41	吹	22.027/126		13.048/75
赤	2.011/12	邑	7.047/28		15.016/83
	14.002/78	囤	17.077/102	兌髮	15.016/83
赤馬舟	25.010/142	吭	13.005/71	弟	11.009/51
孝	12.010/60	岐旁	6.003/21	沐	9.074/46
坎	1.031/6	岑	3.006/14	沚	4.026/18
把	21.015/122	告	19.034/113	沚丘	5.020/20
克	12.169/70	禿	26.008/145	（沙）	14.027/80
杠	24.057/139	私	11.037/54	沙穀	14.027/80
（杏油）	13.071/77		12.147/69	沃泉	4.010/16
孛星	1.080/10	兵	27.011/150	沈	12.140/68
車	24.001/134	佐	12.158/69	沉齊	13.062/76
車弓	24.041/138	伯父	11.018/52	忪	11.043/55
束	12.089/65	身	8.005/30	宋	7.016/26
酉	1.040/6	皂	14.013/79	牢	17.019/97
辰	1.035/6	役車	24.011/135	灾	1.087/10
否	12.064/63	坐	9.020/42	良	12.024/61
夾室	17.049/100	含	13.007/71	祀	1.024/5
步	9.006/41		27.030/152	尾	8.090/37
步叉	23.003/128	肝	8.065/35	阿丘	5.006/19
步盾	23.018/130	肘	8.082/36	壯	10.011/49
步搖	15.030/85	甸	7.049/29	阻丘	5.019/20
吳	7.026/27	角	8.030/32	陂	3.002/14
吳魁	23.018/130	系	16.011/89	姸	9.003/41
助	12.159/69	言	12.025/61	姁	27.025/152

周	7.019/26	房	17.051/100	(胡奴車)	24.004/134
昏	1.074/9	衫	16.034/91	胡車	24.004/134
兔纖	13.054/75	刷	15.023/84	胡耇	10.017/49
炙	13.039/74	弣	23.001/127	胡粉	15.038/86
疝	26.029/147	弦	1.072/9	胡餅	13.013/72
	26.034/147	承塵	18.026/109	南郡	7.036/28
疢	26.003/145	承漿	8.050/34	南海	7.039/28
卒	27.002/150	琳	18.001/107	南陽	7.044/28
卒哭	27.064/155	陌頭	15.025/84	柰油	13.071/76
庚	1.049/7	斱	21.003/121	柰脯	13.073/77
妾	11.056/56	孤	11.063/56	柩	27.035/152
盲	26.009/146	(函)	23.020/131	枰	18.003/107
育	24.036/137	妹	11.025/53	柷	22.020/125
券	19.022/111	姑	11.023/53	(柷敔)	22.021/125
法	20.020/116		11.028/53	柂	25.002/141
泄利	26.033/147	妒	26.028/147	柏車	24.007/135
河	4.005/16	始	12.114/66	柵	17.041/99
河內	7.029/27	弩	23.002/127	柳	27.053/154
河西	7.031/27	**九畫**		柱	17.024/98
河東	7.030/27	契	19.024/112	柶	21.013/122
河南	7.028/27	奏	19.006/110	要	8.091/37
泜	4.027/18	春	1.018/5	(要斬)	27.017/151
注病	26.032/147	《春秋》	20.016/115	要襦	16.049/92
泥	17.080/103	封刀	23.007/129	威	12.092/65
泥丘	5.012/20	持	9.056/45	厚	12.021/60
治	12.133/68	垣	17.038/99	面	8.028/32
怯	12.149/69	城	17.014/97	背	8.088/37
宗丘	5.023/20	政	12.094/65	貞	12.138/68
(宗廟)	17.012/97	荆州	7.004/25	省	12.135/68
宛丘	5.005/19	(革路)	24.002/134	削	23.003/128
郎疏	24.041/138	茨	17.065/101	削刀	23.007/129
肩	8.079/36	胡	8.059/35	是	12.040/62

眇	26.015/146
冒	27.028/152
星	1.008/4
胃	8.069/35
虹	1.063/8
思	12.168/70
咽	8.057/34
罘罳	17.056/101
骨	8.010/30
骨縹	14.011/78
幽州	7.009/25
拜	9.034/43
香澤	15.041/86
秋	1.020/5
科	20.023/116
重	27.049/153
重較	24.010/135
竿	22.017/125
俓	6.013/22
俗	12.099/65
信	12.009/59
侯頭	16.052/93
盾	23.018/130
衍	2.007/12
律	20.021/116
叙	20.027/116
食	1.069/9
	13.002/71
胅	8.011/30
朘	26.044/148
胞	8.072/36
（朏）	1.070/9

匍匐	9.070/46
負	9.018/42
	24.076/140
風	1.011/4
狡	12.112/66
急	12.056/63
哀	12.081/64
亭	17.020/98
帝	18.018/108
斉	26.042/148
疫	1.085/10
兗州	7.011/26
姿	9.001/41
美人	1.063/8
首	8.027/32
逆	12.067/63
洲	4.024/18
津	8.018/31
室	17.002/96
宮	17.001/96
冠	15.001/82
袿	16.012/89
衿	16.009/89
袂	16.005/89
祖	11.005/51
祝	12.154/69
袥	27.065/155
郡	7.052/29
退	12.078/64
屋	17.011/97
屋漏	17.004/96
屏	17.045/100

屏風	18.028/109
弭	23.001/127
（韋弁）	15.013/83
眉	8.025/31
陛	17.042/100
姨	11.036/54
（姨）	11.035/54
姪	11.026/53
姻	11.049/55
姦	12.117/67
飛廬	25.008/142
勇	12.148/69
癸	1.052/7
紅	14.008/78
約	19.036/113
紃	14.029/80
紀	12.038/61
十畫	
挈	9.055/45
秦	7.020/26
珥	1.068/9
素	14.019/79
素積	16.015/90
挾	9.049/44
起	12.105/66
埋	27.075/156
捉	9.042/44
捐	27.077/156
都	7.046/28
都丘	5.013/20
耆	10.014/49
耄	10.015/49

容車	24.014/135	脅驅	24.026/136	輼車	24.013/135
宸	18.027/109	通	12.017/60	斬	27.017/151
冢	3.002/14	通視	26.014/146		27.039/153
	27.069/156	能	12.063/63	副	15.026/84
袪	16.007/89	納	12.123/67	敢	22.021/126
袖	16.008/89	納陛	17.042/100	豉	13.031/73
袍	16.052/93	紛	24.065/139	屑	8.045/33
被	16.053/93	紙	19.004/110	屑脂	15.040/86
書	19.029/112	**十一畫**		戚	23.042/133
書刀	23.006/129	彗星	1.079/10	帶	16.010/89
書刺	19.031/112	耜	21.009/121	瓠蓄	13.078/77
屐	16.064/94	舂牘	22.022/126	匏	22.017/125
	24.059/139	捧	9.050/44	雪	1.055/7
弱	10.010/49	埴	2.013/13	鹵	2.010/12
	12.062/63	逑	6.010/22	堂	17.050/100
陼丘	5.011/20	教	12.095/65	常	23.010/129
陸	2.006/12	掬	9.039/44	晨	1.075/10
陵	3.001/14	掠	27.020/151	敗	12.131/68
	27.071/156	執	9.043/44	眼	8.033/32
陳	17.044/100	堊	17.082/103	眸子	8.035/32
孫	11.011/51	基	12.042/62	圊	17.079/102
蚩	9.004/41	勒	12.037/61	晦	1.070/9
陴	17.016/97		24.067/140	冕	15.004/82
陰	1.012/4	黄	2.011/12	晚下	16.069/95
	8.074/36		14.003/78	啄	13.010/71
	24.027/136	黄耇	10.017/49	異	1.089/11
陶丘	5.002/19	菹	13.028/73	距	8.054/34
陷虜	23.018/130	乾	1.001/3	趾	8.104/38
姆	10.003/48	(梧)	17.030/99	《國語》	20.017/115
娣	11.035/54	梧丘	5.014/20	啜	12.162/70
	11.045/55	桷	17.026/98		13.003/71
脅	8.075/36	梳	15.022/84	帳	18.020/108

俺	15.025/84	脯炙	13.040/74	淪	4.018/17
崑崙丘	5.003/19	胆	8.058/34	淫	12.139/68
崔嵬	3.014/15	脴	26.030/147	沘泉	4.012/17
帷	18.016/108	脛	8.100/38	梁	17.023/98
崩	27.004/150	脬	13.051/75	悼	10.005/48
崇期	6.009/21	（脬）	8.072/36	寅	1.033/6
（過所）	19.021/111	象輅	24.002/134	宿	1.009/4
悟	17.030/99	（象路）	24.002/134	窏	17.005/96
犁	21.010/122	（孰）	11.046/55	窓	17.064/101
笙	22.016/125	烹	27.019/151	密	12.125/67
笮	17.034/99	庶	11.060/56	（啟）	19.028/112
	23.003/128	庵	17.067/101	袿	16.038/92
符	19.019/111	庚	17.076/102	袴	16.024/90
笒	24.053/139	痔	26.036/148	袛	27.057/154
	25.007/141	痍	26.049/149	視	9.028/43
笒突	25.007/142	痕	26.051/149		12.039/61
敏	12.019/60	康	6.006/21	褚	1.076/10
偓	9.022/42	章	11.043/55	扉	16.061/94
	9.071/46	章甫	15.009/83	將	12.087/65
偪	16.056/93	旌	23.031/132	階	17.043/100
側	9.024/42	望	1.073/9	陽	1.013/4
進	12.077/64		9.031/43	陽丘	5.022/20
停	12.104/66		12.111/66	陽門	24.039/138
從母	11.036/54		17.025/98	隆強	24.041/138
從祖父母	11.022/53	（望羊）	9.073/46	婚	11.048/55
船	25.001/141	望佯	9.073/46	矟矛	23.016/130
釭	23.003/128	牽	9.037/43	鄉	7.056/29
	24.048/138	牽離	14.036/81	紺	14.031/80
（釵）	15.033/85	剪刀	23.005/128	継	24.064/139
貪	12.142/68	清	12.069/64	紬	14.035/81
脚	8.099/37	渚	4.025/18	（細）	12.123/67
脯	13.036/74	淮	4.004/16	緋	27.055/154

靬	24.072/140	銍	21.021/123	寡	11.062/56
蔓	17.035/99	鋋	23.022/131	寤	9.086/47
槅	24.040/138	銘	12.036/61	寢	9.083/47
榻	18.001/107		20.028/116		17.013/97
榻登	18.013/108	鉸刀	23.007/129	複	16.035/91
榰	17.026/98	餌	13.015/72	褌	16.055/93
槤	27.034/152	餅	13.012/71	褋衣	16.016/90
輔車	8.043/33	領	16.003/89	褖衣	16.020/90
歌	22.026/126	膜	8.014/31	（戴）	16.021/90
酸	26.037/148	膊	13.037/74	隤	26.034/147
嫛婗	10.001/48	膈	8.077/36	嫡	11.059/56
厲	1.084/10	膈	13.021/72	翣	27.054/154
《爾雅》	20.018/116	膀胱	8.072/36	（緒）	20.032/117
裳	16.002/89	（脏）	13.021/72	綾	14.023/80
瞍	26.012/146	（監）	13.030/73	綺	14.022/79
嘆	13.020/72	疑纚	27.044/153	綏	23.032/132
嗽	13.006/71	獄	17.019/97	綸	14.033/81
嘔	26.024/147	語	12.026/61	綠	14.010/78
跽	9.033/43	説	12.027/61	緇	14.012/78
蜘蛛	1.063/8	膏饡	13.047/75	**十五畫**	
幘	15.016/83	瘧	26.041/148	輦車	24.006/134
幔	18.019/108	瘖	26.020/147	髻	15.029/85
圖	20.007/115	痕	26.008/145	髮	8.022/31
箅	22.014/125	齊	7.025/27	髯	8.052/34
箏	22.009/124	旗	23.026/131	鬖	15.028/85
箙	23.003/128	鄰	7.053/29	駐	9.019/42
箜篌	22.011/125	鄭	7.017/26	撮	9.040/44
鼻	8.036/32	榮	12.073/64	撫	9.060/45
銜	13.007/71	漂	2.015/13	熱	1.016/4
	24.068/140	演	12.033/61	撤	17.041/99
銜炙	13.042/74	慢	12.016/60	撥	12.031/61
綢	25.013/142		27.074/156	鞋	16.067/94

靜	12.066/63	冀州	7.010/26	謂	19.037/113
髭	8.049/34	盧	2.016/13	廩	17.074/102
墻	17.037/99		17.032/99	親	11.001/51
據	9.025/42	縣	7.051/29	糗	13.069/76
操	9.057/45	（縣刀）	23.002/127	燒	27.010/150
擁	9.059/45	曀	1.066/9	營丘	5.021/20
縠	14.027/80	踵	8.108/38	營州	7.014/26
磬	22.002/124	蹄	8.105/38	澤	2.009/12
（鞗）	24.077/140	蹁	8.102/38		16.055/93
燕	7.015/26	噫	12.164/70	濁	12.070/64
薨	27.003/150	圜土	17.019/97	激矛	23.013/129
薦	18.008/107	圜丘	5.008/19	澮	4.023/18
薦板	24.036/137	篤	12.020/60	懈	26.039/148
薄	12.022/60	篋	22.024/126	憶	12.167/70
蕭廧	17.046/100	興	20.014/115	褰數	9.077/46
頤	8.041/33	舡	26.018/146	褶	16.025/91
樸奠	27.061/155	翱	12.106/66	禫	27.068/155
麫	13.070/76	衡	24.024/136	壁	17.036/99
機	23.002/127	錫緵	27.043/153	彊	12.061/63
輓	24.059/139	錐	21.005/121		15.042/86
輤	24.045/138	錦	14.021/79	隰	2.008/12
輮	24.043/138	鋸	21.024/123	隊	6.011/22
融丘	5.009/19	劍	23.021/131	縛	12.088/65
頭	8.026/32	頷	8.043/33		24.061/139
醜	12.052/62	（頷車）	8.043/33	緩	27.037/152
醞	13.029/73	膄	13.050/75	縊	27.013/151
歷齒	26.007/145	鮓	13.034/73	縑	14.017/79
頰	8.038/32	鮑魚	13.074/77	**十七畫**	
頰車	8.043/33	鮐背	10.017/49	璩	15.035/85
殭	27.005/150	獨	11.064/56	環	23.003/128
霓	1.064/8	獨坐	18.002/107	環經	27.047/153
頸	8.056/34	謁	19.018/111	贅	26.053/149

趨	9.007/41	黛	15.039/86	禮	12.007/59
戴	9.053/45	鎑	21.014/122	《禮》	20.010/115
壙	27.051/154	鍾	22.001/124	臀	8.093/37
轂	24.033/137	斂	27.032/152	臂	8.081/36
艱	12.100/66	爵弁	15.013/83		23.002/127
鞠衣	16.018/90	爵里刺	19.031/112	屨	16.060/94
鞬	23.003/128	爵室	25.008/142	孺	10.004/48
韓羊	13.049/75	爵釵	15.033/85	（孺子）	10.004/48
韓兔	13.049/75	爵頭	17.027/98	牆	27.053/154
韓鷄	13.049/75	餳	13.055/75	嬪	11.055/56
檑	21.012/122	餯	13.070/76	縹	14.011/78
檄	19.014/111	朡	8.016/31	總	15.015/83
檢	19.015/111	膾	13.038/74	縡	27.056/154
檐	9.017/42		13.044/74	縮	24.036/137
檀	21.011/122	臆	8.061/35	**十八畫**	
轅	24.034/137	謐	20.030/116	（鬈）	15.029/85
轄	24.050/138	糜	13.022/72	騎	9.014/42
醢	13.030/73	膺	8.062/35	薈	26.010/146
霜	1.053/7	（膺）	16.033/91	鞶	24.075/140
齔	10.006/48	應	22.006/124	檻車	24.021/136
黻冕	15.008/82	糝	13.014/72	檼	17.025/98
嬰兒	10.001/48	燥	12.059/63	櫂	25.005/141
瞳子	8.035/32	濫泉	4.009/16	覆	12.090/65
嚔	9.088/47	濕	12.060/63		25.008/142
蹋	9.046/44	濟	4.006/16	蹙	9.063/45
蹈	9.067/45	濟北	7.042/28	殯	27.036/152
蹊	6.012/22	濟南	7.041/28	霢霂	1.057/8
髀	8.096/37	濟陰	7.043/28	霤	17.054/100
蟉	18.010/108	蹇	9.072/46	霧	1.078/10
簨	22.018/125	（襌）	16.036/91	矇	26.011/146
簻	15.031/85	襌衣	16.026/91	題	19.032/112
輿	24.046/138	襌	16.039/92	闕	17.055/101

已出書目

✓ 大廣益會玉篇

✓ 爾雅

✓ 廣韻校釋

✓ 經義述聞

✓ 佩觿釋證

✓ 切韻彙校

✓ 釋名

✓ 釋名疏證補

✓ 説文解字

✓ 説文解字繫傳

✓ 文字蒙求